UMA VIDA DE LUTA

A incrível história do padre que resgatou a devoção a São Miguel

Leonardo Bruno

Uma vida de luta

A incrível história do padre que resgatou a devoção a São Miguel

máquina de livros

Direção editorial: **Bruno Thys e Luiz André Alzer**
Capa: **Mariana Erthal**
Projeto gráfico: **Mariana Erthal e André Hippertt**
Diagramação: **Mariana Erthal**
Revisão: **Brandão França e Thiago Santos**
Fotos da capa, contracapa e orelha: © **Rodrigo Campanario**
Fotos internas: **Rodrigo Campanario** (páginas 12, 24, 98 e 130), **Leonardo Simplício** (página 20), **Júlio César Marques** (página 70), **Marcello Almo** (página 78) e arquivo pessoal (páginas 8, 28, 34, 38, 42, 46, 50, 54, 58, 62, 66, 74, 84, 88, 94, 104, 108, 112, 118 e 124)

Dados Internacionais de Catalogação na Publicação (CIP)
(eDOC BRASIL, Belo Horizonte/MG)

Bruno, Leonardo.
B898v Uma vida de luta: a incrível história do padre que resgatou a devoção a São Miguel / Leonardo Bruno.
– Rio de Janeiro (RJ): Máquina de Livros, 2018.
160 p. : 14 x 21 cm

ISBN 978-85 54349-06-6

1. Nascimento, João Cláudio – Biografia. II. Título.

CDD 922.2

Grafia atualizada segundo o Acordo Ortográfico da Língua Portuguesa de 1990, em vigor no Brasil desde 2009.

1ª edição, 2018

Rua Francisco Serrador 90 / 902, Centro, Rio de Janeiro/RJ – CEP 20031-060
www.maquinadelivros.com.br
contato@maquinadelivros.com.br

Este livro é dedicado a todos aqueles que exercitam,
no dia a dia, o maior de todos os ensinamentos da
religião: "Amar ao próximo como a ti mesmo"

SUMÁRIO

Padre João Cláudio chegou a pesar 160kg antes de se submeter a uma cirurgia

1

UMA TRANSFORMAÇÃO

Copacabana, Zona Sul do Rio de Janeiro. Hospital São Lucas, um dos mais tradicionais da cidade, com 80 anos de existência. Num dos 103 leitos do centro cirúrgico, um homem de 33 anos repousa seus 160kg sobre uma maca fria, que arrepia seu corpo nu. Ele deveria estar adormecido, descansando para o procedimento que faria a seguir. Mas não consegue. Está acordado. Conversando com Deus.

"E se eu morrer daqui a pouco? O que eu vou levar dessa vida? Eu não vou trazer meus diplomas, minhas vestes, meu dinheiro, nada... Que aprendizagem vou carregar comigo? E o que eu vou deixar aqui, como legado?"

Deus não respondeu em voz alta. Mas deu um jeito para seu recado chegar àquele homem, que sentiu uma paz interior e continuou sua prece.

"Senhor, se for da tua vontade que eu morra, eu aceito. Mas se eu sobreviver, me dá a graça de me recuperar dessa obesidade, que está acabando comigo. E faça de mim o que o Senhor quiser. Faça alguma coisa através de mim. Me dê uma segunda chance, para eu deixar de ser essa pessoa pobre, acomodada, que produz tão pouco pelo próximo. Faça de mim o que o Senhor necessitar para que eu mude, e não só fisicamente."

Uma voz forte então ecoou no quarto do hospital. Era a enfermeira, avisando que chegara a hora da cirurgia. A resposta de Deus não pôde ser ouvida naquele ambiente de luz fria. Mas certamente foi notada pela tranquilidade com que o paciente entrou no centro cirúrgico. E, mais ainda, pela transformação que se deu quando ele levantou da maca, horas depois.

Foram 60kg perdidos com a gastroplastia, a cirurgia de redução de estômago que já tinha se tornado febre no Brasil – o país é o segundo no mundo em número de procedimentos. Padre João Cláudio ganhou uma nova chance, depois de lutar por anos contra uma obesidade mórbida que lhe trouxe muitos transtornos. Mas a maior transformação que se pôde notar no religioso não foi a física. O encontro com Deus, minutos antes da intervenção, lhe deixou convicto de que, daquele momento em diante, a vida ficaria mais leve – em todos os sentidos. A partir dali, sua existência ganhou mais um propósito. E a materialização disso apareceria poucos meses depois, quando foi levada à sua igreja uma imagem sacra de São Miguel. O arcanjo, espírito celeste que atua como mensageiro, chegava com a mais bela de todas as mensagens: a trajetória de Padre João iria mudar. E a de muitos fiéis da Igreja Nossa Senhora de Fátima, na região central de Niterói, também.

Os primeiros meses de 2008 marcavam o início de uma nova edição da Campanha da Fraternidade, que tinha como tema "A defesa da vida", trazendo à tona, entre outras questões, uma reflexão sobre a violência urbana. Em suas pregações, o Padre João Cláudio procurava abordar o assunto de forma pouco teórica: a intenção era falar sobre como a falta de segurança interferia na vida das pessoas. E eram muitos os relatos de episódios violentos entre os fiéis – 2008 foi um ano com vários recordes nos índices de criminalidade no estado do Rio. Daí vieram os pedidos de livramento, as orações para que Deus protegesse aquela comunidade.

Nessa mesma época, um amigo do padre sugeriu trocar o crucifixo que ficava na parte central do altar por uma imagem de São Miguel. João aceitou e notou que São Miguel é o arcanjo guardião da Igreja, um guerreiro combativo, sempre com uma espada e um escudo nas mãos. Pronto, era ele a resposta que vinha do céu para ajudar na missão de proteger a comunidade da violência. As portas se abriram para São Miguel. E receberam junto uma multidão de devotos.

No dia 23 de março daquele ano, um Domingo de Páscoa, a imagem do arcanjo foi entronizada ao lado do altar da Igreja Nossa Senhora de Fátima, diante da porta da capela do Santíssimo Sacramento. A partir daí, o padre e a comunidade começaram a rezar com frequência para São Miguel. Em toda missa, ele era citado, invocado nas homilias, chamado a proteger os fiéis. E a recepção ao arcanjo foi surpreendente. No Rio, há santos mais populares, como São Jorge e São Sebastião; a trajetória de Miguel e suas orações estavam esquecidas na rotina do catolicismo. Mas a força do arcanjo veio no momento certo, em que o povo precisava de alguém para ajudar nas batalhas mais ferrenhas.

A devoção só aumentou nos meses que se seguiram, de março a agosto. Quando chegou setembro, Padre João resolveu que faria uma missa especial para o santo em seu dia, 29. Para sua surpresa, a igreja encheu como há muito não se via. Os cânticos foram entoados com força. As pessoas queriam tocar na imagem. Pediam a bênção de São Miguel. Aprendiam sua oração e rezavam com fé. Algo acontecia naquele templo, e a explicação, claro, fugia à compreensão humana. Uma energia diferente começava a circular pela Rua Andrade Pinto 189.

Uma explosão de fé toma a igreja no dia 29 de setembro

2

A MISSA DE SÃO MIGUEL

A primeira missa de São Miguel realizada na Igreja Nossa Senhora de Fátima, em 29 de setembro de 2008, superou todas as expectativas, e a devoção ao santo continuou nas outras celebrações realizadas ali. A relação com Miguel estava restabelecida e seria difícil cortar o laço. Os paroquianos ficaram encantados com a explosão de fé no templo e pediram a Padre João que fizesse outras celebrações para o arcanjo guerreiro, sempre no dia 29. Outubro chegou e a intenção era repetir a dose no fim do mês. Mas um imprevisto mudou os planos: uma colaboradora da igreja, já em idade avançada, faleceu às vésperas da data, e a missa não pôde ser realizada. Nenhuma surpresa para quem conhece Miguel: ele atua na dificuldade, não dá vida fácil para o fiel, exige perseverança. E então, em 29 de novembro, houve a segunda missa de São Miguel. Em dezembro, a terceira. E a tradição se seguiu, todo dia 29, pelos dez anos seguintes – a única data em que isso não aconteceu foi naquele outubro de luto.

As missas iniciais já eram consideradas um sucesso quando atraíam dezenas de pessoas. Para uma igreja pequena como a Nossa Senhora de Fátima (na hierarquia católica, ela é uma reitoria), dava gosto ver "tanta gente" orando para o santo. Mas a fama da celebração foi se espalhando, através do popular boca a boca. E começaram a aparecer centenas de fiéis, nos dias 29 de cada mês, em busca da proteção do arcanjo, vindos de outros bairros de Niterói e de municípios vizinhos, como Rio de Janeiro, São Gonçalo e Itaboraí. A frequência já passava dos milhares, o público se amontoava nos corredores, começou a ficar gente do lado de fora. A solução foi fazer mais de uma missa por dia. Além da celebração às 19h30, Padre João decidiu abrir também o horário do meio-dia.

Mas não foi suficiente. Em 2018, houve três dias de missas – os dois primeiros dedicados aos outros arcanjos. No dia 27 de setembro, as orações e o culto foram em honra a São Gabriel. No dia 28, orações e missa consagradas a São Rafael. E, no grande dia 29, a igreja ficou aberta das primeiras horas da manhã até o fim da noite. Antes das 6h, já havia fiéis por lá. Foram três horários de missa para São Miguel, três horários de orações de poder, um almoço solidário e, no encerramento, a cerimônia de queima dos pedidos.

O lugar recebe tanta gente que o Dia de São Miguel virou uma espécie de evento oficial no calendário da cidade de Niterói: a prefeitura desloca agentes de trânsito, flanelinhas cercam os carros, ambulantes aproveitam para vender bugigangas e os moradores usam suas garagens como estacionamento, cobrando R$ 10 pelo período de uma missa. Religiosos ilustres, como o cardeal-arcebispo do Rio de Janeiro, Dom Orani Tempesta, o bispo auxiliar de Niterói, Dom Luiz Antônio Ricci, e o bispo de Petrópolis, Dom Gregório Paixão, já estiveram na Nossa Senhora de Fátima.

Nas celebrações, a mistura de público é visível: gente de todas as classes e origens se deseja "a paz do Senhor" com a mesma fé – é comum ver lado a lado uma mulher de terninho e outra com um vestido bem simples. Numa cidade com a vida eleitoral acirrada como Niterói, os banquinhos da igreja do Bairro de Fátima conseguem a proeza até de juntar inimigos políticos em torno do mesmo Pai-Nosso.

Os corredores da igreja ficam apinhados de gente e muitos se sentam na beira do altar, pela falta de espaço. Mas o aperto não significa que todos os interessados caibam lá dentro. Do lado de fora, centenas de pessoas se aglomeram, na escada de entrada, nas laterais externas ou mesmo na pracinha em frente (a Praça do Bairro de Fátima), acompanhando a missa através do áudio emitido por potentes caixas de som, com a voz do padre. Eles fazem todas as orações e os rituais da liturgia, mesmo sem ver nada do que se passa no interior da igreja.

No salão paroquial, é instalado um telão, que transmite ao vivo a cerimônia eucarística. Ali também são colocadas cadeiras, para que os presentes possam se acomodar e receber as bênçãos com algum conforto. Em volta, há uma espécie de quermesse, com várias barraquinhas e a venda de produtos com renda revertida para a igreja: camisas, medalhas, velas, broches e livrinhos sobre São Miguel. Além disso, há rifas de imagens do arcanjo.

Para comer, as opções são doces, bolos, empadão, cachorro-quente, caldos e salgados. Além disso, é servido o almoço solidário, a apenas R$ 6: um prato de macarrão colorido, com massa, frango desfiado, ervilha, maionese, milho, etc. O cafezinho é vendido a 50 centavos, e o Guaravita, a R$ 2 – é preciso energia para encarar o dia.

Mas um kit especial chama a atenção. A um custo de R$ 10, é o campeão absoluto de vendas do dia 29, contendo 1 garrafa de 500ml de água + 1 vela de sete dias + 1 pacotinho pequeno de sal. O kit é fundamental para quem quer receber as bênçãos na missa solene de São Miguel. Ela dura cerca de duas horas, mas os fiéis permanecem muito mais tempo dentro da igreja, já que Padre João Cláudio costuma ficar no altar, entre uma celebração e outra, abençoando o público, transmitindo mensagens de fé e ouvindo testemunhos de quem teve a vida tocada pelo arcanjo.

Desde o início da missa, a cantoria dá o tom da liturgia – às vezes com uma banda completa, ou só com um violão fazendo a harmonia. Mas o canto dos fiéis é o que caracteriza a celebração, com as músicas bradadas a plenos pulmões em reverência ao santo.

Os momentos de maior emoção são as bênçãos especiais feitas aos sacramentais: vela, sal e água. É um ritual típico das celebrações para São Miguel, embora também seja usado nos louvores a outros santos. A bênção das velas produz uma das mais belas imagens da missa. Ao serem benzidas, elas têm a função de iluminar os caminhos e afastar o mal. Nessa hora, as luzes da igreja se apagam, as chamas são acesas e todos erguem as velas para o alto, num espetáculo visual que impressiona e torna o ritual ainda mais emocionante.

Já as celebrações do sal e da água são feitas em conjunto. Primeiramente, os fiéis levantam as garrafinhas de água, para a oração sacramental. Bebe-se um gole num desejo de purificação. Em seguida, o padre pede que sejam erguidos os saquinhos de sal, para receber suas orações. A recomendação é que o sal exorcizado seja espalhado em casa, resguardando o lar da ação do demônio, ou adicionado na comida, como forma de proteção para quem consome o alimento.

E aí vem o momento mais vibrante da missa. A água e o sal, já benzidos, são misturados em inúmeros baldes no altar, e começa a aspersão da água benta nos fiéis. Ministros da sagrada comunhão, coroinhas e celebrantes percorrem os corredores da igreja lançando água sobre os devotos, usando uma espécie de escovão para garantir que uma boa quantidade seja atirada. O público já sabe que vai ser molhado pra valer e não se conforma em receber apenas algumas gotinhas do líquido abençoado: quer tomar um verdadeiro banho de fé, o que faz grande parte das pessoas sair da igreja com as roupas encharcadas e cheias de sal. Padre João não usa o escovão. Ele costuma pegar os baldes e derrubá-los sobre a cabeça de alguns fiéis, que literalmente tomam um banho bento, em momento de êxtase na paróquia.

Para tornar esta parte do rito ainda mais impactante, a canção escolhida é "Anjos de Deus", que fez muito sucesso na voz de Padre Marcelo Rossi no fim dos anos 90. A música se encaixa perfeitamente na celebração por falar dos anjos, que são o grande objeto de devoção neste dia. A letra é conhecida de cor e cantada com fervor pelos religiosos, numa cena de arrepiar.

Se acontecer um barulho perto de você
É um anjo chegando para receber
Suas orações e levá-las a Deus

Então abra o coração e comece a louvar
Sinta o gosto do céu que se derrama no altar
Que um anjo já vem com a bênção nas mãos

Tem anjos voando neste lugar
No meio do povo e em cima do altar
Subindo e descendo em todas as direções
Não sei se a igreja subiu ou se o céu desceu
Só sei que está cheio de anjos de Deus
Porque o próprio Deus está aqui

Quando os anjos passeiam a igreja se alegra
Ela canta, ela chora, ela ri e congrega
Abala o inferno e dissipa o mal

Sinta o vento das asas dos anjos agora
Confia, irmão, pois é a tua hora
A bênção chegou e você vai levar

Tem anjos voando neste lugar
No meio do povo e em cima do altar
Subindo e descendo em todas as direções
Não sei se a igreja subiu ou se o céu desceu

Só sei que está cheio de anjos de Deus
Porque o próprio Deus está aqui

Essa canção está no disco "Músicas para louvar o Senhor", lançado em 1998 pelo Padre Marcelo Rossi, que se tornou o álbum mais vendido na história da indústria fonográfica brasileira, com 3,3 milhões de cópias – um fenômeno comercial sem paralelo no mercado musical. "Anjos de Deus" foi um dos maiores sucessos do CD e passou a ser cantada em quase todas as igrejas país afora. O que pouca gente nota é que, embora a letra fale de forma genérica de todos os anjos, Miguel é o único citado por Marcelo Rossi na gravação oficial: *"Vem, São Miguel! Vem, milícia celeste"*, grita ele na faixa.

O rito da água benta, que é jogada sobre os fiéis, exige um esforço da equipe de Padre João, já que ninguém aceita ficar de fora. Mesmo quem acompanha a missa na parte externa da igreja quer ser tocado pela água e pelo sal benzidos. Por isso, além de percorrerem os corredores da paróquia, os auxiliares vão ao lado de fora, aspergir quem não conseguiu espaço dentro do templo. O mesmo ocorre em outros pontos da celebração, como na comunhão, com a distribuição da eucaristia, e nas ofertas, com o recolhimento de doações. Para isso, é mobilizado um grupo de mais de uma dezena de ministros da sagrada comunhão, coroinhas e voluntários, que atendem a todos os fiéis, independentemente de onde estejam. É por esse motivo que, no Dia de São Miguel, para dar conta do intenso trabalho, ajudantes são requisitados em outras igrejas da região.

No encerramento da missa, durante a bênção final, acontece outro momento de impacto. Padre João pede que os fiéis levem objetos para serem abençoados, de acordo com as dificuldades e necessidades de cada um. É nesse instante que são erguidos laudos de exames, carteiras de trabalho, fotografias, crachás, currículos, chaves de casa, chaves de carro, processos na Justiça, canetas para concursos públicos, remédios e toda sorte de itens que clamam pela intercessão de São Miguel. À saída, munidos de água benta, sal e vela exorcizados, com os corpos purificados e os objetos protegidos, cada fiel leva no coração a certeza de que seus próximos passos contarão com a preciosa atenção do arcanjo.

Os fiéis se espremem e fazem de tudo para tocar na imagem de São Miguel

3

MENSAGENS DE FÉ

Os ritos da missa de São Miguel são impactantes para quem assiste. As bênçãos da vela, da água e do sal, os cânticos, os objetos erguidos pelos fiéis: a celebração é uma sucessão de demonstrações de fé que provam a vitalidade do lugar. Mas há outro trunfo da igrejinha de Nossa Senhora de Fátima que marca cada um dos devotos que lotam o espaço: as mensagens transmitidas por Padre João Cláudio.

Uma missa de São Miguel nunca é simplesmente uma missa. Além de toda a liturgia definida rigidamente pela Igreja, e seguida no mundo inteiro, o sacerdote pontua a celebração com frases, pensamentos, conselhos, conversas com os fiéis. É como se todos estivessem num grande bate-papo, em que João Cláudio aproveita para passar suas mensagens de forma leve e descontraída. Há espaço, por exemplo, para falar de campanhas sociais, como o Outubro Rosa (contra o câncer de mama) e o Agosto Laranja (para a doação de medula óssea); das eleições, de modo a conscientizar o povo a votar de forma equilibrada (sem citar o nome de candidatos, mas tratando do assunto com lucidez); ou da vida de alguns santos e beatos, como a brasileira Irmã Dulce, para estimular as boas ações.

A intolerância também é um tema recorrente nas homilias da Nossa Senhora de Fátima. Com uma visão bem clara da necessidade de diálogo com outras manifestações religiosas, o sacerdote usa boa parte do tempo para pregar a convivência pacífica entre os adeptos – até porque, em sua missa, é comum ver representantes de outros cultos. Ele não aceita, por exemplo, que comparem os orixás das religiões de matriz africana ao diabo, e rechaça qualquer tipo de preconceito.

Seu objetivo com as conversas é acolher as pessoas, tentar entrar um pouco no coração de cada uma, com uma vivência que pode estar próxima à rotina delas. Sua ideia não é converter ninguém. *"A conversão é um ato interno"*, costuma dizer, deixando a tarefa para o Espírito Santo. Ele enxerga a fé como algo existencial. Não basta estudar ou se aprofundar intelectualmente, é preciso viver a experiência, para então se dedicar à prática religiosa. A preocupação número um é tornar as pessoas mais solidárias, menos violentas, com mais compaixão. A religião é uma consequência disso.

Seguindo esse pensamento, o padre tem o hábito de apresentar testemunhos de vidas tocadas pela fé, que servem de exemplo para os demais. Uma das mais citadas em suas celebrações é Glória Maria Franca, que frequenta a missa de São Miguel desde as primeiras edições. Dona Glorinha tem uma história muito comovente e não se furta a contá-la ao microfone, sempre com um sorriso no rosto, de modo a comprovar que transformou a dor em amor.

Em 2007, o filho de Dona Glorinha atirou nos dois filhos, matou a mulher e, em seguida, se suicidou. A casa onde aconteceu a tragédia, no Centro de Itaboraí, ficou estigmatizada, e a população evitava até passar pela calçada. Um ano depois, quando ela conheceu o Padre João Cláudio, pediu-lhe que fosse lá benzer o ambiente. O sacerdote visitou o local, e não encontrou uma atmosfera carregada. Pelo contrário, sentiu um profundo amor. Em outubro de 2010, Glorinha inaugurou o Centro Terapêutico Élcio Boccaletti França (o nome do neto assassinado), para receber "doentes da alma": depressivos, usuários de drogas, alcoólatras, etc. Hoje em dia, a casa atende 1.500 pessoas por mês e oferece psicólogos, assistentes sociais, médicos, oficinas de arte, entre outras atividades. Seu próximo objetivo já está traçado: construir uma capelinha de São Miguel no local.

São depoimentos como este que ajudam a tangibilizar a força da devoção ao arcanjo – o culto ficou adormecido desde a última grande reforma da Igreja, que reduziu a adoração aos anjos e deixou um pouco de lado a Oração a São Miguel Arcanjo, antes recitada ao final de todas as missas. Para manter aceso o louvor a Miguel, Padre João Cláudio fala bastante sobre sua presença na vida dos fiéis. Algumas de suas frases são conhecidas dos devotos mais antigos, como *"É bom porque é ruim; seria melhor se fosse pior"*, que mostra que Miguel gosta de agir nas grandes dificuldades. Outra de suas expressões é: *"Você não veio aqui para mostrar para Deus o tamanho do seu problema; você veio aqui para mostrar para o seu problema o tamanho de Deus"*. Com falas assim, consegue estimular a fé de sua comunidade, que responde cantando com garra a canção dedicada a São Miguel:

São Miguel Arcanjo, defendei-nos no combate (4x)
Pra podermos vencer toda força do mal
E trazer a vitória na palma da mão
Para glorificarmos o Senhor Jesus
Venha nos ajudar no combate final

São Miguel Arcanjo, defendei-nos no combate (4x)
Com os anjos, arcanjos e os querubins
Venha, chefe de toda a milícia do céu
Combater a favor da igreja de Deus
Travaremos batalha espiritual

Padre João Cláudio junta carisma e
uma história de vida surpreendente

4

PALAVRAS ENCANTADAS

Quando a missa de São Miguel começou a atrair multidões para a igrejinha de Padre João, várias novidades surgiram na vida dos moradores de Niterói e adjacências. Em primeiro lugar, o próprio local onde está a paróquia, o Bairro de Fátima, é quase desconhecido no município. Tem apenas 0,51km^2, com cerca de quatro mil moradores, e está localizado entre Cubango, Santa Rosa, São Lourenço e Pé Pequeno. O bairro, embora se encontre ao lado do Centro, é pouquíssimo frequentado pelos niteroienses: fica encravado num vale entre morros, praticamente sem comércio – uma garantia de certa tranquilidade no dia a dia dos moradores, que costumam se deslocar a pé. As casas são de classe média ou baixa, a circulação é feita por ruas íngremes ou vielas, e todas as vias de acesso partem da Avenida Marquês do Paraná.

A própria Igreja Nossa Senhora de Fátima era ignorada, já que há vários templos em homenagem à Virgem em outros endereços da região: Nossa Senhora de Fátima dá nome a paróquias em Pendotiba e Ponta D'Areia (Niterói); Barro Vermelho, Venda da Cruz e Tribobó (São Gonçalo); Itaipuaçu (Maricá); e Manilha (Itaboraí). Além disso, a capela era pequena e estava em condições precárias, o que só começou a mudar a partir de 2005, quando uma grande obra restaurou sua estrutura.

Um detalhe curioso é que a região da igreja não é de maioria católica. Para se ter uma ideia, o nome do bairro, na metade do século passado, era Nossa Senhora de Fátima. Mas boa parte dos moradores se recusava a dizer o nome da Virgem, e a denominação acabou mudando para Bairro de Fátima.

Outra surpresa em relação à peregrinação no 29 de setembro é pelo fato de São Miguel não ser tão popular no Brasil. No Rio de Janeiro, uma das maiores devoções é a São Jorge, que ganhou até um feriado municipal em sua homenagem, já que as procissões dos fiéis no dia 23 de abril tomavam as ruas e interferiam na rotina da cidade. Considerando todo o país, os santos mais cultuados são Nossa Senhora Aparecida, Santo Antônio, São João Batista, São José, São Sebastião, Sant'Ana, Nossa Senhora da Conceição, Nossa Senhora de Fátima, São Pedro e Nossa Senhora das Graças. Essa popularidade se reflete no número de paróquias dedicadas aos santos: no Rio, por exemplo, há quase 40 com o nome de São Sebastião, enquanto as que homenageiam São Miguel não passam de 10.

Mas se o bairro era pouco frequentado, a igreja, desconhecida, e São Miguel não tinha tanta popularidade, qual a razão da revoada de devotos para a Rua Andrade Pinto nos últimos dez anos? Alguns motivos, claro, estão no plano espiritual, e não há palavras que deem conta de explicá-los. Mas, olhando apenas para as razões terrenas, não se pode deixar de atribuir parte do sucesso ao carisma do Padre João Cláudio.

Jovem, cheio de gás, usando a música, as liturgias e os testemunhos de forma criativa, ele consegue despertar a fé de quem vai pela primeira vez às suas celebrações. Com isso, estimula os fiéis a voltarem à igreja e a trazerem novos devotos, inclusive pessoas que há anos não pisavam num templo religioso.

É verdade que muita gente se surpreende com sua figura: um sacerdote cheio de tatuagens espalhadas pelo corpo, que fuma charuto, desfila na Marquês de Sapucaí, já frequentou o protestantismo, usa camisas do Wolverine, posta fotos sem parar no Instagram e luta jiu-jítsu. Essa imagem moderna sem dúvida atrai a atenção dos religiosos, assim como sua forma de se relacionar com o mundo e a lábia envolvente. Mas o que pouca gente sabe é que João Cláudio só se tornou essa figura tão interessante depois de percorrer uma trajetória muito singular.

Entre a mãe e o pai, em seu aniversário de 1 ano

5

O MENINO JOÃO

"*Creio haver pouca coisa tão importante na vida de um pároco quanto o reconhecimento de seu trabalho por parte do povo. Fazer-lhe justiça é um tributo a ele devido. O padre, na expressão do Senhor, é o sal da terra. A sociedade necessita, para sobreviver, dos valores espirituais simbolizados no sacerdote. Ajudemo-lo em sua missão!*" Essas palavras sobre a importância do sacerdócio foram proferidas pelo Cardeal-Arcebispo do Rio de Janeiro, Dom Eugênio Sales, em seu programa semanal "A voz do pastor", que ia ao ar em diversas estações de rádio pelo país. A data do discurso: 22 de novembro de 1974.

A exatos 25 quilômetros da Arquidiocese, naquele mesmo dia, estava nascendo um menino que ia tornar realidade o discurso do cardeal: João Cláudio Loureiro do Nascimento se ordenaria padre com a missão de propagar valores espirituais – e teria grande reconhecimento de sua comunidade.

João nasceu no Hospital da Polícia Militar, no bairro de Santa Rosa, em Niterói, justamente na data de aniversário da cidade onde se estabeleceria como religioso. O 22 de novembro também é o Dia de Santa Cecília, padroeira dos músicos, que cantou em louvor a Deus dias seguidos antes de sua morte – e que deve se alegrar com a cantoria inflamada e cheia de fé das missas de Padre João.

Mas os cânticos sacros e a vontade de ser padre só surgiriam mais tarde na trajetória do pequeno João Cláudio. A primeira veste marcante que lhe cobriu o corpo estava bem distante de uma batina: foi um quimono de jiu-jítsu, que experimentou com apenas um ano de idade, como mostra uma das fotos da infância que guarda com carinho. A luta tinha forte presença em sua vida. A casa de seus pais, na Rua Salvatori, no Rocha, bairro de São Gonçalo, era vizinha à residência dos avós, onde funcionava a Academia Nascimento de Jiu-Jítsu, comandada pelos tios (todos formados pelo lendário mestre Amélio Arruda). Ali aprendeu os primeiros golpes e se apaixonou pelas artes marciais.

A casa dos avós teve papel marcante em sua infância. São de lá algumas de suas mais belas lembranças dos tempos de garoto. A rotina se alternava entre a escola e o esporte. E as atividades físicas eram principalmente a natação e o jiu-jítsu. Embora o pai de João também fosse bastante ativo (praticava capoeira e luta livre), eram os tios que cuidavam da Academia Nascimento, uma das mais antigas de São Gonçalo. E o rapaz, quando não estava treinando, assistia às aulas das outras turmas.

Mas, para compreender melhor a infância de João, é preciso entender de onde vieram seus avós. Estamos falando aqui dos avós paternos, porque os avós maternos morreram antes de o neto nascer. Foram os pais do pai de João que tiveram participação ativa em sua criação. A avó se chamava Otília. O avô era João Jesus: o primeiro nome foi dado ao neto, João Cláudio; e o segundo seria objeto de adoração do menino pelo resto de sua vida, Jesus.

No fim dos anos 30 do século passado, João Jesus morava em Copacabana, era casado e tinha um filho. Certo dia, pegou sua esposa em "flagrante adultério". Ele enxergava, então, duas opções. Uma delas era matar sua companheira e ver sua reputação lavada com sangue. Vista aos olhos de hoje (caminhando para a terceira década do século 21), a alternativa parece absurda. Mas, sob a perspectiva da época, era bastante plausível – inclusive com a aquiescência da Justiça. Até 1940, um homicida poderia alegar "perturbações de sentidos e da inteligência", conseguindo facilmente a absolvição de um crime desse tipo. Veio então o Código Penal daquele ano, que nada mudou nesse aspecto: em seu artigo 25 trazia a tese da "legítima defesa da honra", amplamente usada em casos assim até tempos recentes. Pois bem, como prova a história, matar a companheira era uma possibilidade concreta para vingar uma traição. Mas João Jesus optou pela outra alternativa, mais sensata e que o deixaria com a consciência em paz: já que sua honra estava manchada na vizinhança, pegou o filho e saiu da cidade. Trocou Copacabana pelo Rocha, em São Gonçalo.

A nova vida não foi fácil para o rapaz de 24 anos, que cuidava sozinho de um filho pequeno numa cidade desconhecida. Precisava de uma babá para ajudá-lo com a criança e com os afazeres domésticos. Então foi trabalhar para ele uma menina de 12 anos, chamada... Otília! É isso mesmo, a avó de Padre João – e agora já é possível imaginar os próximos passos dessa história. João Jesus se apaixonou pela mocinha e eles começaram a viver juntos, apesar do falatório no bairro pela diferença de idade – embora naquele tempo não fosse incomum homens adultos casarem e ter filhos com meninas recém-chegadas à adolescência. Otília engravidou logo, e foi dando à luz bebês em sequência. Com 18 anos, em 1947, nascia Valmir Rodrigues do Nascimento, o pai de Padre João.

A união de João Jesus e Otília só foi sacramentada na Igreja quase 40 anos depois. Como ele havia sido casado anteriormente (com a mulher que o traíra), não pôde registrar a segunda união. Durante esse tempo, Otília ia à missa todos os domingos, mas não comungava, porque não vivia um casamento conforme as leis religiosas. No início dos anos 80, eles tiveram a permissão para fazer a união diante da Igreja. O casório foi realizado pela manhã, depois da missa de domingo. E ali aconteceu a primeira entrada do menino João numa igreja com uma função especial: aos 5 anos, usando uma roupa simples, mas já compenetrado, ele foi o pajem da cerimônia, levando as alianças.

Festeira, Otília ofereceu um grande churrasco com samba para comemorar o casamento. Saíram todos da igreja direto para sua casa, onde o Rocha presenciou uma das festas que marcaria época no bairro. Mas, no fim da tarde, a noiva saiu de fininho do fuzuê. Pegou o neto, e foram os dois para a igreja assistir à missa das 18h. Ela chegou um pouco mais cedo e pediu confissão ao padre. Durante a celebração, no momento da eucaristia, se levantou pela primeira vez em 40 anos para tomar o corpo e o sangue de Jesus: Otília, enfim, pôde comungar.

A religiosidade sempre esteve presente na vida da avó de João Cláudio, uma das pessoas que ajudaram a construir a Capela de São Judas Tadeu, no Rocha – primeira igreja frequentada pelo neto e que já formou outros sete padres para a Arquidiocese de Niterói. Otília foi fiel da paróquia por décadas, mas convivia tranquilamente com expressões religiosas fora do catolicismo. Sua irmã, Eunice, frequentava o kardecismo – era madrinha de João Cláudio e por diversas vezes o levou ao centro espírita. Valmir, pai do menino, era umbandista. Na família também havia messiânicos, e na academia conviviam adeptos de diversas crenças. Tudo na mais perfeita paz. A religião sempre rondou a trajetória de Padre João, mas com uma mensagem muito clara, que ele levaria para a vida toda: diversidade e tolerância.

Com os avós paternos,
João Jesus e Otília

6

GRANDES MULHERES

Uma data que traria muitas alegrias para João Cláudio foi de profunda tristeza em 1982. O menino de 7 anos nem sabia que 29 de setembro era dia de São Miguel. Naquele ano, só havia motivos para chorar. Depois de sofrer um derrame, morria Otília, mulher tão importante em sua infância. A avó se foi aos 52 anos, mas seus últimos atos deixaram plantada uma semente que geraria frutos: foi ela que, quatro meses antes de morrer, colocou João no catecismo.

Otília não foi importante só por introduzi-lo no estudo do catolicismo. Ela também emprestou muito de sua personalidade alegre e falante ao neto querido. Contava piadas, fazia amigos com facilidade, estava sempre com um sorriso no rosto. Um de seus hobbies era ir a estádios de futebol torcer pelo Flamengo – ela era integrante da torcida organizada Fla-Ponte, que reunia gente de São Gonçalo e adjacências. A avó fez de tudo para tornar João rubro-negro: dava camisas e shorts do Flamengo, assistia com ele aos jogos na TV, o levava ao Maracanã. E olha que, naquela época, o time da Gávea era uma máquina, com a equipe que foi campeã mundial em 1981, liderada por Zico. Mas o rapaz se manteve fiel ao clube do pai, o Botafogo, pelo qual torce fervorosamente até hoje.

O futebol era apenas uma das paixões do menino. Além do jiu-jítsu e da natação, o judô e o inglês também ocuparam parte de sua infância. Algumas das recordações mais presentes são a busca por doces de São

Cosme e Damião, a merendeira com pão com manteiga e laranjada preparada pela mãe, o som da Rádio Relógio de manhã cedo, a casa simples, alugada, de quarto, sala, cozinha e banheiro.

Apesar de muito dedicado ao esporte, o estudo sempre esteve presente na vida de João. Ele conseguia conciliar bem o tempo que gastava com as lutas e o horário destinado aos livros. Aprendeu a ler cedo, por volta dos 5 anos, e começou a devorar títulos como "O amarelinho", de Ganymédes José, "A bolsa amarela", de Lygia Bojunga, e os clássicos da coleção Vaga-Lume. Depois passou para Monteiro Lobato e Machado de Assis, até crescer mais um pouco e encarar uma literatura mais densa: vieram "Feliz ano velho", de Marcelo Rubens Paiva, e "Olga", de Fernando Morais, até chegar a Karl Marx.

Na escola, sempre era o mais novo da turma, um aluno precoce. Boa parte desse gosto pelos estudos pode ser atribuído à mãe, dona Therezinha. Ela havia se frustrado por não ter conseguido estudar – embora gostasse dos livros, só completou o primário. A solução então foi investir na formação do filho.

Therezinha se mudou para São Gonçalo em busca de uma vida melhor. Ela era de Trajano de Moraes, município do interior do estado do Rio com pouco mais de 10 mil habitantes. Seus pais tiveram 12 filhos, e a moça sabia que só conseguiria alçar voos maiores se fosse para a "cidade grande". Partiu em busca da independência, para estudar e trabalhar – numa atitude que deu o que falar na cidadezinha, que enxergava com maus olhos as mulheres de personalidade forte. A realidade dura em São Gonçalo não deixou muito tempo livre para os estudos e Therezinha acabou se dedicando apenas ao trabalho mesmo.

Ganhou a vida como funcionária pública, inspetora de um colégio municipal em São Gonçalo. Trabalhava com a educação, e sabia a diferença que isso podia fazer no futuro de uma criança. Acompanhando de perto os problemas das escolas públicas, decidiu que o filho só seria matriculado em colégios particulares. Em casa, o aperto era grande, mas não faltava dinheiro para os estudos.

Os primeiros anos da vida de João foram marcados por essas duas figuras femininas fortes: a mãe e a avó. Quando Otília morreu, João Cláudio ficou tão abalado que largou o catecismo – qual o sentido de frequentar a igreja sem ela? Mas, no ano seguinte, Therezinha o convenceu a voltar, com o argumento de que era uma homenagem à memória da avó. Ele voltou – o caminho da religião estava mesmo traçado nessa história.

A família paterna: à direita embaixo, sem camisa, Valmir, ao lado de Otília, grávida; João Jesus é o segundo da esquerda para a direita

7

A EXPERIÊNCIA EVANGÉLICA

Primeira Igreja Batista de São Gonçalo, na Rua Coronel Moreira César, fundada em 1919. Dezenas de jovens emocionados cantam numa vibração sem igual, acompanhados por uma banda que toca com o som nas alturas. Estão todos na SEMAF, a Semana do Adolescente em Foco. João, com seus 14 anos, é um dos rapazes que cantam fervorosamente. Ele gosta da acolhida que recebe no meio evangélico e passa a frequentar a igreja assiduamente. Coloca a Bíblia debaixo do braço e vai orar, ouvir as palavras do pastor, ter seus instantes de reflexão. Se enturma com os outros jovens e curte a rotina dos cultos. Seu envolvimento é tão grande que recebe um convite de um dos membros da igreja.

– *João, já está na hora de você se batizar conosco, de aceitar Jesus!*

– *Eu já sou batizado...*

– *Mas não aqui com a gente.*

– *Ué, vocês não aceitam o meu batismo? Mas não é um Cristo só?*

– *É pra você poder participar da ceia!*

– *Mas eu já fiz até primeira comunhão...*

Nenhuma resposta satisfazia a lógica de João. O rapaz, que tinha conhecimento bíblico e participava dos ritos, já se considerava cristão, e não entendia por que era preciso passar por um novo processo de batismo. Ele sentia sua história desrespeitada por ser forçado a receber o sacramento novamente. Isso o levou a se desinteressar pela igreja evangélica. E se afastou depois de um ano frequentando religiosamente a Primeira Igreja Batista de São Gonçalo. Mas uma coisa ele levou dessa experiência: o conhecimento que adquiriu do Evangelho foi importantíssimo em sua formação.

A vida religiosa de João teve várias fases. Quando criança, foi batizado e fez a primeira comunhão na Igreja São Judas Tadeu, no Rocha, onde também assistia às missas com a mãe e a avó. Mas, depois do catecismo, quando pôde ter suas próprias escolhas, se afastou um pouco do convívio no templo. Por outro lado, nesse período foi matriculado em uma escola religiosa, o Colégio Santa Terezinha, no Centro de São Gonçalo. Ali, continuou tendo contato com os preceitos do catolicismo – o que já acontecia de certa forma em seus primeiros anos de estudo, quando era aluno do Centro Educacional Galeano Lessa, que ficava no Rocha e hoje não existe mais.

O Santa Terezinha foi o responsável por manter acesa a chama da religião no adolescente, que havia se afastado da Igreja Católica com a morte da avó e se desencantara com a vivência evangélica. Além de estimular seu lado espiritual, o ginásio deixou como legado outras duas habilidades, que seriam muito utilizadas no exercício do sacerdócio: a oratória e a liderança.

Pouca gente acreditava que aquele menino daria certo no Santa Terezinha, um dos mais tradicionais colégios da região, fundado em 1928. Teve até parente que apostou que o rapaz não duraria mais de três meses por lá. Mas a mãe, empenhada em investir na educação do filho, tinha certeza de que era a melhor opção.

João começou tímido, estudando entre os colegas mais velhos, num ambiente muito mais complexo do que o de sua escola do primário. Mas a adaptação foi questão de tempo. Rapidamente virou representante de turma, até chegar a presidente do grêmio estudantil. Em suas poucas falas para os alunos, já se via que seria um líder. Aos poucos, desenvolveu o dom de discursar em público. Contava causos, exercitava o convencimento, dialogava, fazia as pessoas rirem. Estes primeiros passos foram fundamentais quando se viu em cima de um altar, tendo que evangelizar centenas de fiéis.

A vida no Santa Terezinha parecia perfeita: João estava em uma ótima escola, tinha amigos, desenvolvia seu lado espiritual, se sentia feliz no grêmio estudantil. Mas o ginásio acabou e a mãe do rapaz achou melhor trocá-lo de colégio no ensino médio. Ele foi então para o Educandário Cecília Meirelles, uma instituição laica, mais perto de casa e onde já estudava um primo seu. Lá, o ensino tradicional era mesclado com um curso técnico, e João acabou fazendo contabilidade – sim, Padre João Cláudio é técnico em contabilidade!

A mudança não estimulou muito o jovem, que perdeu seus amigos e o convívio no grêmio, além de cursar uma carreira que não lhe atraía. Para João, a troca foi um erro. Mas, olhando à distância, o padre hoje reconhece: sem aqueles conhecimentos contábeis, não conseguiria administrar uma igreja como a Nossa Senhora de Fátima. Sem saber, ele estava adquirindo habilidades que lhe seriam muito úteis em sua atividade futura.

Com o pai, o soldado da
PM Valmir Nascimento

8

O FANTASMA DO PAI

Velório de Valmir Rodrigues do Nascimento, no Cemitério Municipal de São Gonçalo. O local está cheio de PMs, colegas de farda do policial, que foi morto em serviço, com um tiro no rosto. O clima é de consternação. A família chora num canto. Curiosos se aproximam para ver de quem é o enterro que reúne tanta gente. Os militares usam o uniforme da corporação e preparam uma saudação especial para o momento em que o corpo for levado para o jazigo.

Um dos irmãos de Valmir, desolado, se levanta do banco em que estava sentado. Ele traz pelas mãos o menino João, de apenas 9 anos. Tio e sobrinho chegam perto do caixão, no centro da capela. Olham para o rosto de Valmir, que está coberto com uma atadura do lado direito. O irmão move lentamente sua mão em direção ao rosto do falecido e retira a bandagem. O garoto olha, assustado. O tio então pega a mão do sobrinho e o faz encostar seu dedo indicador no buraco da bala que matou Valmir. O tio diz:

– *Tá vendo isso aqui? Tá vendo? Eu só quero que você me prometa uma coisa, garoto: você vai fazer igualzinho com um monte de gente. Jura, João?*

O menino não entendia muito bem o que estava acontecendo. Ainda sob o impacto da morte do pai, seu coração dava pulos, trazia uma mistura de sensações, impedia o cérebro de funcionar. Com a certeza que se pode esperar de um garoto de 9 anos que está prestes a enterrar o pai, João move a cabeça para cima e para baixo, em sinal de concordância, rendido à jura imposta pelo tio. Em seguida, a atadura é recolocada, o caixão fechado e o corpo levado para a sepultura, enterrado sob o epitáfio "Aqui jaz o soldado coragem".

João não cumpriu a promessa, mas essa cena nunca mais lhe sairia da cabeça. Foi a última imagem que teve do pai, símbolo de uma relação tão conturbada quanto saudosa. A convivência de Valmir com o filho até que foi boa nos primeiros anos de vida. O pai trazia pães e doces para o moleque, brincava, ensinava as manhas do jiu-jítsu. Todos os dias o filho ia ao portão ver Valmir sair para o trabalho e caminhar até o ponto de ônibus, que ficava a 50 metros de casa. Ele ia e voltava fardado – se toda criança já costuma associar o pai a um super-herói, imagina aquele que usa um uniforme imponente como o da Polícia Militar do Estado do Rio de Janeiro?

Mas a paz durou pouco na família formada por Therezinha, Valmir e o filho único. Quando ele tinha 5 anos, os pais se separaram. Foi um período difícil, em que o menino teve que frequentar psicólogos e o lar enfrentou problemas financeiros. Mas as coisas pioraram. O novo relacionamento amoroso do policial o afastou completamente de João. Sua nova mulher tinha dois filhos, que ele passou a criar. E o garoto que era seu, de sangue, ficou relegado. Valmir tirou o primogênito de sua vida. Para uma criança, não há rejeição maior do que essa. O abandono gerou um sentimento de ódio que João cultivou durante toda a adolescência, e que só seria sanado décadas depois.

O menino não podia imaginar que a profissão do pai era barra-pesada. Vê-lo sair para trabalhar todos os dias com a farda gerava fascínio no filho, mas quando Valmir pegava no batente, a brincadeira era de gente grande. Ele batia ponto como soldado da PM, lotado no 7º BPM (Alcântara), considerado um dos mais violentos do estado. Seu apelido na corporação era Chaparral, em referência ao seriado de TV americano de faroeste que fez sucesso nos anos 70.

No início da década de 80, Valmir era um policial famoso em São Gonçalo. Vivia numa linha perigosa entre os deveres da lei e o poder conferido por seu instrumento de trabalho: o revólver. Era uma figura polêmica, respeitada por seus pares e temida no mundo do crime. A simples menção ao nome Chaparral causava arrepios em boa parte da população da cidade.

Colecionava histórias nem sempre edificantes, e não é de se surpreender que seu fim tenha sido numa execução. Valmir foi baleado no rosto em Cabo Frio, município do litoral do estado do Rio, para onde havia sido transferido, agora lotado no 25º BPM. As circunstâncias foram suspeitas. A versão oficial é que foi atingido por bandidos, ao ser chamado para uma ocorrência. Mas, como foi morto com a arma no coldre, muita gente acredita que ele tenha sido vítima de uma emboscada.

Para João, que com menos de 10 anos ainda não entendia desses assuntos, a despedida de Valmir teve um sabor diferente. Não estava morto o grande Chaparral, um dos policiais mais temidos de São Gonçalo, provavelmente assassinado numa queima de arquivo. Quem estava naquele caixão era o pai que o abandonou. E uma mágoa dessa natureza é muito difícil tirar do peito.

O jiu-jítsu faz parte de sua vida desde menino

9

EM PAZ COM SUA HISTÓRIA

João vai ao cinema assistir ao filme nacional com a segunda maior bilheteria da história: "Tropa de elite 2", que levou às salas mais de 11 milhões de espectadores. A história já estava em sua segunda metade, quando o protagonista, Capitão Nascimento (Wagner Moura), tem uma conversa decisiva com o filho adolescente, Rafael (Pedro van Held). Os dois estão de quimono, lutando jiu-jítsu, e durante o treino falam sobre a vida. É quando o policial diz uma frase cortante para o rapaz.

– *Eu não quero que você tenha medo de mim. Eu quero que você saiba que seu pai sou eu.*

Foi difícil para João não se desligar da trama e pensar em sua vida. Um policial justiceiro chamado Nascimento lutando jiu-jítsu com o filho, dizendo para ele não ter medo... Para aumentar ainda mais a coincidência, o principal parceiro de Nascimento no filme se chamava Valmir (interpretado por Emílio Orciollo Neto). Como não deixar a mente fugir daquela sala de cinema e viajar para o Rocha, em São Gonçalo, onde dividiu tantos tatames com o pai, Valmir Nascimento?

João tomou um susto, mas a lembrança não lhe doeu tanto. Àquela época, em 2010, seu coração já estava apaziguado com a figura do pai. Depois de quase 20 anos guardando rancor por ter sido abandonado, ele compreendeu que Valmir, na verdade, havia lhe protegido durante todo o tempo em que esteve separado de sua mãe.

Policial muito visado em São Gonçalo, Chaparral tinha certeza de que estava na linha de tiro dos desafetos que acumulou em seus anos na corporação. Era alvo. E, por tabela, seus familiares também corriam risco. Assim, seria melhor deixar Therezinha e o filho num passado obscuro, sem rastros, sem contatos, para que ninguém os descobrisse e fizesse mal a eles. Daí a transferência para Cabo Frio, para ficar bem longe de São Gonçalo.

João chegou a ouvir de uma pessoa que conheceu Valmir: *"Seu pai 'te matou' para você não morrer"*. A frase fez um clique em sua cabeça. Em alguns instantes, a rejeição se transformou em proteção. Veio então à mente o último encontro de pai e filho. O menino estudava no Galeano Lessa, e em determinado dia recebeu a inesperada visita de Valmir. Mas as circunstâncias não eram normais. A diretora o avisou baixinho que o pai estava lá, e uma sala foi preparada para que eles se encontrassem sem ninguém por perto. O policial entregou um presente, meio escondido. Na época, nada daquilo fazia sentido, e a situação só aumentou a distância entre eles. Mas, tempos depois, tudo se encaixou.

João Cláudio se reconciliou com a memória do pai, deixando para trás um ódio que o acompanhava desde a infância. O sentimento ruim deu lugar à culpa, por não ter compreendido as motivações de Valmir Nascimento. E, desde então, sua missão passou a ser conseguir o perdão do pai. É por isso que, vez ou outra, antes de dormir, o padre se deita, olha para o alto e diz, em voz baixa: *"Deus, me dá uma chance. Deixa ao menos eu sonhar com meu pai, para eu sentir que pedi perdão a ele"*.

Vestido de franciscano na São Judas Tadeu, em sua primeira comunhão

10

DOIS PADRES NA TV

A primeira metade dos anos 80 virou o núcleo familiar de João de cabeça para baixo. As mortes de Otília e de Valmir foram um baque profundo. Os tios, que cuidavam da Academia Nascimento, brigaram e houve uma divisão na família. A única notícia boa é que Therezinha passou a receber uma pensão pela morte do ex-marido. Somada ao seu salário de funcionária pública, a quantia lhe permitiu ter uma vida um pouco mais tranquila: mãe e filho se mudaram para uma casa maior, de dois quartos – foi a primeira vez que ele teve um cômodo para chamar de seu, com aparelho de som, guarda-roupa e outros "luxos". Foi a primeira vez também que o lar recebeu um eletrodoméstico cobiçado na vizinhança: a televisão colorida.

Nessa TV a cores João assistiu aos capítulos de "Roque Santeiro", a novela até hoje de maior audiência da televisão brasileira. O menino de 10 anos gostava da figura de Roque (José Wilker), o grande mito de Asa Branca, e do romance entre Viúva Porcina (Regina Duarte) e Sinhozinho Malta (Lima Duarte). Mas a trama que mais o atraía era a dos padres Albano (Cláudio Cavalcanti) e Hipólito (Paulo Gracindo). Albano era o religioso progressista, que não usava batina, andava de lambreta e participava de movimentos comunitários. Vivia em estado permanente de tensão com Hipólito, um típico pároco do interior, conservador, dogmático, defensor da "moral e dos bons costumes". Com este conflito, a novela abordava um tema controverso: a divisão dentro da Igreja entre os tradicionalistas e a corrente da teologia da libertação, de cunho progressista.

O garoto observava com atenção aquele embate. Ali veio à sua memória o último ano de catecismo, na Igreja de São Judas Tadeu, quando houve uma explosão pastoral na paróquia. Durante um mês, eles receberam a visita dos missionários redentoristas de Aparecida, que trabalharam sem parar na evangelização dos fiéis. João fazia parte do coral das crianças da catequese, e aproveitou bastante a temporada, envolvido em inúmeras atividades. Mais uma sementinha estava plantada.

Essa semente, porém, ficou adormecida por toda a segunda metade dos anos 80. Com exceção da incursão pela igreja evangélica, João se afastou da religião e teve uma vida de adolescente comum, com amigos no bairro, tarefas na escola, problemas em casa. Mas havia um componente perigoso nessa equação: a revolta. A perda de sua grande referência, a avó, e o ódio que nutria pelo pai eram combustíveis perigosos para um jovem com o caráter em formação. Somando-se a isso o entorno violento em que estava inserido, num bairro pobre de São Gonçalo, onde a criminalidade se alastrava sem muita repressão, não seria de se estranhar se o caminho escolhido pelo rapaz fosse outro. Muitos de seus amigos optaram por essa estrada, flertando com o crime, se envolvendo com drogas e com a bandidagem da região. Alguns não estão mais aqui para contar a história.

Mas João foi salvo por um elemento fundamental: o esporte. Esperta, Therezinha preencheu o tempo livre do adolescente – quando não estava na escola – com atividades que mantinham o corpo e a mente ocupados. Treinava durante a semana e competia no sábado e no domingo. Com essa agenda, não podia beber e fumar, tinha que cuidar do físico. E passou incólume pelas "más influências" da juventude. O ódio no peito em nenhum momento foi maior do que o amor que tinha para dar.

Com a mãe, no dia em que foi autorizado a distribuir a comunhão eucarística

11

UM GRANDE AMOR

João era um adolescente como os outros a sua volta, com os hormônios aos pinotes. Nessa fase da vida, as paixões são constantes, o interesse pelos temas do amor e do sexo é infinito, e os amigos se constituem na principal fonte de conhecimento. O rapaz tinha uma paquera na escola desde os 12 anos: uma menina da série anterior, com quem sempre esbarrava na hora do recreio, na saída, nos eventos escolares. Conforme o tempo ia passando, e João não revelava seu interesse, a atração parecia aumentar – e ela foi se tornando uma musa, uma paixão platônica, até ganhar o título de "grande amor", sensação comum entre os rapazes de 15 anos. E nessa idade o garoto resolveu que tinha que revelar seus sentimentos.

O plano foi convidá-la para sua casa, onde também estaria um primo. Eles iam se distrair com alguma atividade e, então, João poderia dar o bote e se declarar para a amada. Mas a estratégia padeceu da ingenuidade típica dos iniciantes: sem revelar seus desejos nem para a moça nem para o primo, João correu um risco óbvio, que teria sido previsto por qualquer autor de melodrama. Isso mesmo, o primo "ficou" com sua musa! Para um adolescente, todo revés tem o tamanho do mundo, e aquele foi um dia especialmente triste para João.

Mas ele não se abateu. Na manhã seguinte pegou sua bicicleta e foi até a casa da menina. Chegando lá, contou toda a história, o plano da grande declaração, a desilusão pela formação do casal com o primo.

Ela ouviu tudo com surpresa genuína e exclamou, sem imaginar que estava dando uma flechada mortal no coração de João: "*Mas por que você não me contou isso antes? Eu teria ficado com você!*".

O rapaz montou na bicicleta e foi embora, com mais raiva ainda, se sentindo um idiota por ter permitido que tudo aquilo acontecesse. E reagiu à moda dos adolescentes: começou a "ficar" com várias garotas do bairro e da escola, para compensar a decepção com aquela em que depositava todas as suas esperanças de futuro.

Mas nada nesse mundo é por acaso, e aqui cabe relembrar aquele ditado que diz: "Quando a vida te fecha uma porta, abra uma janela". Semanas depois da desilusão, João voltaria a se apaixonar. E daria os primeiros passos numa relação que, construída pouco a pouco, terminaria em casamento.

Tudo começou com um convite de sua mãe para ir a uma missa na São Judas Tadeu. João andava afastado da religião, mas resolveu acompanhar Therezinha. Era dia de semana e a igreja estava vazia, com meia dúzia de fiéis. Durante a celebração, ele ouvia atentamente as palavras do padre. Mas, em determinado momento, se desligou do que era dito no altar. Pensou em sua história, em tudo o que tinha vivido até ali, no pai, na avó, na escola, no jiu-jítsu, em sua rotina diária. A missa continuava, e o pensamento ia longe, fora da igreja, como se estivesse assistindo ao filme de sua vida. De repente, a emoção tomou conta do rapaz, que se ajoelhou e começou a chorar. A liturgia acabou e João ainda estava ali, de joelhos, com lágrimas nos olhos, para desespero de Therezinha, que não sabia como lidar com o estado de profunda comoção do filho.

Ela então pegou o garoto pelas mãos e o levou à sacristia, em busca da ajuda do Padre Márcio, que havia celebrado a missa. Perguntou o que estava acontecendo, pediu que o sacerdote rezasse em sua intenção. O padre, em vez de dar uma resposta definitiva, preferiu conversar com o rapaz. E ali deu um exemplo do que é uma boa acolhida.

João fez dezenas de perguntas. Questões sobre a religião, indagações mais filosóficas, dúvidas sobre a Igreja – uma verdadeira sabatina, na qual Márcio se saiu muito bem. Respondeu a tudo com simpatia, firmeza e convicção. O padre era jovem, bem-humorado, e conseguiu conquistar com carisma e inteligência a confiança do adolescente imerso num mar de dúvidas.

Aproveitando o interesse em suas respostas, e percebendo que João tinha passado por uma experiência religiosa forte naquela missa, Padre Márcio convidou o rapaz a voltar, para conhecer uma turma de adolescentes que fazia atividades na igreja. João não estava certo de que se juntaria em definitivo ao grupo. Mas demonstrou disposição de experimentar. Depois do fracasso na tentativa de uma relação mais séria com a colega da escola, o garoto nunca mais quis estabelecer compromisso duradouro com moça alguma. Mas seu coração estava aberto para ser preenchido por outro tipo de amor.

Coroinha na Igreja
de São Judas Tadeu

12

A VIVÊNCIA RELIGIOSA

Dia15 de março de 1990. O Brasil estava em polvorosa com a posse do primeiro presidente da República eleito pelo povo em quase três décadas. Fernando Collor de Mello representava a esperança de um país que se reencontrava com a democracia. No Vaticano, a data também era de transformação: a Santa Sé retomava relações oficiais permanentes com a URSS, depois de 73 anos. Mas, em São Gonçalo, as preocupações de João eram de outra natureza. Até se interessava pela conjuntura do país, porque sempre foi politizado, e começava a ficar de olho nos movimentos de Roma, já que se envolvia cada vez mais com a Igreja. Mas, para ele, o grande acontecimento do dia se daria na São Judas Tadeu: pela primeira vez ele participaria de uma missa como coroinha.

João se saiu bem e adorou a função. Gostava da roupa, da liturgia, de colaborar com a celebração. Ficar no altar também dava uma visão privilegiada do público que assistia à missa, e lá de cima ele não se furtava a paquerar algumas meninas. Mas isso foi só nas primeiras semanas. Em pouco tempo, a fé falou fundo ao seu coração, num encontro que surpreendeu o próprio rapaz, que não esperava ter tanta identificação com a vivência cristã.

A chegada à função de coroinha foi um processo rápido dentro da paróquia. Depois da conversa com Padre Márcio, que o convidou a se integrar ao grupo de adolescentes, ele passou a frequentar a São

Judas. Participava de reuniões com até 200 rapazes e moças. No início, sentava lá atrás, no último banco, ainda tímido e observando se conseguiria se adequar ao ambiente. Mas a resposta veio através de seu comportamento ativo. Conforme o padre e os catequistas iam falando para os jovens, João tinha questionamentos e levantava o dedo para perguntar. Suas reflexões chamavam a atenção, demonstrando um conhecimento bíblico acima da média, adquirido em sua passagem pelo protestantismo: *"Mas em Êxodo diz-se que..."*, *"Na Carta de São Paulo, fala-se em..."*. Os outros adolescentes, com uma vivência católica menos apegada ao Evangelho, se surpreendiam com sua desenvoltura e instrução. Foi ali que ganhou lugar de destaque no grupo jovem.

Passou, então, a frequentar o catolicismo com assiduidade. Estudioso como sempre foi, João pedia indicações de leituras ao padre, buscava conhecer ainda mais os Livros Sagrados, questionava o que não entendia ou não considerava correto. Nesse período, estava em vigor um projeto da Igreja lançado poucos anos antes pelo Papa João Paulo II, chamado "Evangelização 2000", visando formar novos fiéis católicos para o próximo século e estancar a perda de devotos ao redor do mundo. João foi convidado a participar de um encontro de três finais de semana com lideranças da paróquia, representando o grupo de adolescentes.

Ao final desse período, se engajou no mutirão: pegou uma Bíblia e saiu de casa em casa, com um terço na mão, anunciando o Evangelho. Foi uma investida duplamente rica: em primeiro lugar, porque se aproximou da realidade das pessoas, algumas muito pobres, todas carentes de atenção e afeto; e, além disso, por ter conhecido um lado da Igreja Católica que ele não enxergava, saindo dos templos e indo ao encontro da população, buscando dialogar com o mundo.

Em seguida, veio o serviço de coroinha, que o aproximou da liturgia e da rotina dos padres. Aos poucos, a religião se tornava mais presente na vida de João. Quem ficou mais longe foi Padre Márcio, que tinha sido transferido para uma paróquia em Cabo Frio.

Num fim de semana de novembro de 1991, o rapaz aproveitou que haveria um encontro do grupo de Renovação Carismática na cidade da Região dos Lagos e foi rever o sacerdote. O evento reuniu tanta gente que a missa foi celebrada no Estádio Alair Corrêa, o Correão, normalmente utilizado pelo time de futebol local, a Cabofriense. Durante a liturgia, João se pegou observando o Padre Márcio com especial interesse. Lembrou a acolhida que recebeu, o carinho com que o pároco tratava todos os fiéis, as conversas que lhe faziam tão bem. Foi aí que surgiu um pensamento surpreendente: *"Eu gostaria de ser como ele"*. Pela primeira vez, passou por sua cabeça a ideia de ser padre. Justamente em Cabo Frio, a poucas quadras do local onde seu pai fora assassinado.

Com o avô, João Jesus, na
formatura do ensino médio

13

A DESCOBERTA DA VOCAÇÃO

Agosto é o mês vocacional nas igrejas brasileiras. A data foi instituída em 1981, pela CNBB (Conferência Nacional dos Bispos do Brasil), para conscientizar as comunidades a trabalharem nas vocações de seus integrantes. Os encontros são realizados uma vez por semana, para que os religiosos busquem suas aptidões cristãs: a vocação pode ser sacerdotal, familiar, leiga ou à vida consagrada, por exemplo.

Em agosto de 1991, João Cláudio saiu da Igreja de São Judas Tadeu, no Rocha, para participar dos Encontros Vocacionais no Seminário de Niterói. Ele frequentou com interesse as reuniões, que se repetiriam mensalmente até dezembro, mas nunca acreditou que pudesse ser vocacionado para alguma tarefa religiosa. Sempre se achou exótico, escrachado, autêntico, com um estilo próprio de ser. Nunca se viu dentro do estereótipo da pessoa que vai virar padre: o "santinho", o reverente, o piedoso.

Com o avançar dos meses, porém, foi passando pelo processo de seleção para o seminário. Fazia testes, contava sua história de vida, era submetido a avaliações de conhecimento cristão, trocava ideias com os integrantes da igreja. Em novembro, na missa celebrada pelo Padre Márcio no Estádio Correão, vislumbrou de forma mais concreta a possibilidade de se tornar padre. E contou com a ajuda preciosa do pároco que substituiu Márcio na São Judas Tadeu:

Padre Luiz Carlos Cardoso de Diniz.

Padre Diniz era o oposto de Padre Márcio: sério, rígido, menos flexível com as normas, muito exigente. Mas era igualmente inteligente. Ao perceber que João estava inclinado a entrar para o seminário, lhe emprestou um livro: "O Cura d'Ars", de Francis Trochu, sobre a vida de São João Maria Vianney, o padroeiro dos sacerdotes. E disse:

– *Leia esse livro e depois a gente conversa.*

O problema era que o livro tinha 655 páginas. Mas João leu inteiro e foi conversar com Padre Diniz: apontou as passagens que mais lhe encantaram e demonstrou admiração pela trajetória do santo. O pároco lhe indicou um novo livro, e outro, e mais outro. A ideia era ver até onde o rapaz iria em sua persistência e dedicação aos estudos. E ele foi longe.

Em dezembro de 1991, tomou a decisão: iria para o seminário. Comunicou ao Padre Diniz que havia passado por todo o processo de seleção, mas sabia que eram poucas as vagas. Em janeiro do ano seguinte, recebeu a resposta: estava aprovado para ingressar no Seminário Arquidiocesano de Niterói. O rapaz agora tinha pouco mais de um mês para preparar seu enxoval (as roupas e os objetos pessoais que pode levar de casa), devendo se apresentar no dia 14 de fevereiro.

A alegria da conquista deu lugar à tensão de contar a novidade para a mãe. Therezinha acompanhava a movimentação do filho dentro da igreja, mas não imaginava que "a brincadeira" fosse se tornar coisa séria, o levando a ser padre. Afinal, não havia nenhum sacerdote na família, e ninguém nunca aconselhou o menino a seguir esse caminho. Quando ela recebeu a notícia, ficou calada. Não aprovou nem reprovou – disse que a decisão cabia somente a João. Esteve ao seu lado o tempo todo, fazendo o enxoval, preparando tudo que era necessário para a mudança. Mas, na solidão de seu quarto, chorou. Não porque considerava a escolha errada. Aquele era o choro de uma mãe que se vê só, prestes a se despedir do filho, que sairia numa jornada incerta. Depois de 17 anos, João deixava sua casa, rumo ao desconhecido. E Therezinha se viu sozinha pela primeira vez.

No seminário de Niterói, usando pela primeira vez a camisa de padre

14

UMA ROTINA ESTRESSANTE

– B*om dia a todos! Vamos começar este curso estudando os pré-socráticos. Eles são filósofos da natureza e, portanto, vou falar muito de cosmologia nesse semestre. Vamos pensar sobre Tales de Mileto, Anaxímenes, Anaximandro, Anaxágoras e tantos outros. Eles vão ser a base para tudo que vem depois.*

A professora, diante do quadro-negro, falava em português, mas João ouvia grego – e não apenas quando ela dizia os nomes dos filósofos da Grécia Antiga. A primeira aula da faculdade de filosofia foi um terror para ele, que pensou seriamente em desistir da vocação religiosa. Aquele era seu segundo ano no seminário, quando enfim entrou para o curso, requisito obrigatório para se tornar padre. Mas, para um técnico em contabilidade, as lições sobre Platão, Aristóteles e outros pensadores eram difíceis de assimilar.

Os primeiros passos no seminário, em fevereiro de 1992, já se revelaram complicados para João. Sua rotina mudou totalmente, e foi preciso se adaptar a um dia a dia pautado por regras rígidas, do horário de acordar e almoçar aos momentos dedicados à oração. Além disso, havia uma tradição de formação do caráter através do trabalho, o que obrigava os seminaristas a pegarem pesado nas tarefas internas, como jardinagem, arrumação, limpeza, etc. Paralelamente, eles se preparavam para o vestibular, estudando para tentar ingressar na faculdade do Mosteiro de São Bento – instituição de excelência do

Centro do Rio, fundada em 1858 e frequentada por religiosos de vários lugares do Brasil.

Passado esse primeiro ano, veio a alegria da aprovação no vestibular para a faculdade de filosofia do São Bento. A rotina era puxada, com ensino em horário integral. Os estudantes saíam do seminário, perto do Ponto Cem Réis, região central de Niterói, pegavam o ônibus 100 (Niterói-Praça XV) e tinham que estar às 9h da manhã na faculdade. Na volta, o mesmo trajeto, enfrentando o horário do rush no fim da tarde.

Apesar dos dias atribulados, a passagem pelo São Bento foi marcante para João. Ali ele conheceu a nata intelectual da Igreja Católica no país, recebendo ensinamentos que ficariam para a vida inteira. Alguns dos religiosos com quem conviveu foram Dom Marcos Barbosa (membro da Academia Brasileira de Letras, tradutor de "O pequeno príncipe" e "O menino do dedo verde"); Dom Ireneu Penna (neto do presidente Afonso Penna, que revolucionou o ensino da matemática no país); Dom Estêvão Bettencourt (um dos maiores teólogos brasileiros); Dom Odilão Moura (filósofo e tradutor de São Tomás de Aquino); e Dom Lourenço Prado (reitor do São Bento por mais de 50 anos). João sabia que estava no meio de pessoas que podiam lhe acrescentar muito, e não perdia oportunidade de fazer perguntas e ouvir suas histórias.

Ao mesmo tempo, a vida no seminário ia ficando ainda mais complicada. Além de ter demorado a se adaptar à complexidade do conteúdo sobre os filósofos, o rapaz viu aumentar a rigidez das regras do internato. Era preciso pedir permissão para ir a qualquer lugar, os horários foram se estreitando, o clima pesou.

Após completar os dois anos do curso de filosofia, João decidiu que aquela não era mais vida para ele. Quando resolveu entrar para a instituição eclesiástica, ainda não tinha a convicção de que desejava ser padre. Como todo rapaz de 17 anos, estava dando uma chance ao destino de lhe mostrar que trilhava o melhor caminho. Três anos depois, já tinha a resposta: não era o que queria. A rigidez não combinava com sua personalidade, não podia viver amarrado num claustro. O mundo estava lá fora e era preciso se manter em contato com as pessoas, sobretudo para propagar a palavra de Deus.

A tensão de João era tão grande que ele desenvolveu uma psoríase (doença autoimune, que causa lesões avermelhadas na pele e que costuma atacar pacientes em períodos de estresse intenso, quando o sistema imunológico fica enfraquecido). O problema dermatológico o acompanha até hoje.

No final de 1994, João fez as malas, já se preparando para ir embora. Ficou com o coração apertado, na dúvida se estava tomando a decisão certa. Mas não conseguia aguentar mais tempo vivendo naquelas condições. Entre uma indecisão e outra, escolhendo qual seria a melhor hora de deixar o local, aconteceu o impensável: todos os aspirantes a sacerdote foram chamados para uma reunião com a direção do seminário. E receberam um comunicado surpreendente: o seminário em Niterói estava sendo transferido para o Rio de Janeiro. João ganhava uma nova oportunidade de reafirmar sua vocação.

Com o cardeal Dom Orani Tempesta, figura importante em sua trajetória

15

O SEMINÁRIO HISTÓRICO

"Meses depois fui para o Seminário de São José. Se eu pudesse contar as lágrimas que chorei na véspera e na manhã, somaria mais que todas as vertidas desde Adão e Eva. Há nisto alguma exageração; mas é bom ser enfático, uma ou outra vez, para compensar este escrúpulo de exatidão que me aflige. Entretanto, se eu me ativer só à lembrança da sensação, não fico longe da verdade; aos 15 anos, tudo é infinito. Realmente, por mais preparado que estivesse, padeci muito. Minha mãe também padeceu, mas sofria com alma e coração; demais, o Padre Cabral achara um meio-termo, experimentar-me a vocação; se no fim de dois anos, eu não revelasse vocação eclesiástica, seguiria outra carreira."

As palavras acima parecem caber perfeitamente na nossa história, mas foram escritas há quase 120 anos pelo maior autor da literatura brasileira, Machado de Assis. É um trecho de "Dom Casmurro", uma de suas obras-primas, em que o protagonista, Bentinho, antes de se casar com a amada Capitu, é mandado para um seminário pela mãe, Dona Glória, que sonhava vê-lo padre. É lá que conhece Escobar, pivô da grande dúvida existencial de Bentinho: teria a mulher o traído com seu melhor amigo? O Seminário de São José, que tem papel de destaque em "Dom Casmurro" (e em outras obras de Machado de Assis, como o conto "Manuscrito de um sacristão"), é justamente o local para onde João Cláudio foi transferido quando o de Niterói fechou as portas.

O Seminário de São José foi fundado em 1739, como a primeira casa brasileira de formação e estudo destinada a futuros sacerdotes diocesanos. Antes disso, os vocacionados só tinham a opção de se formar em alguma escola dirigida por padres jesuítas ou estudar na Europa. Para preencher essa lacuna, Dom Frei Antônio de Guadalupe criou o seminário, na subida do Morro do Castelo, que se consolidou como o grande berço de religiosos para o clero nacional.

Quando João Cláudio chegou ao São José, sua sede já estava localizada na Avenida Paulo de Frontin, no Rio Comprido (onde hoje funciona a Unicarioca), depois de passar por Itaipava e Paquetá. Ali ele encontrou um ambiente muito mais tranquilo, em que podia ter atividades externas sem problemas. Ainda havia disciplina, mas a rotina não era opressiva. E então João foi retomando o prazer pelos estudos religiosos.

Também houve um encantamento com a cidade do Rio de Janeiro, um centro cultural e intelectual mais cosmopolita do que Niterói. Entrou para o movimento "Comunione e Liberazione" ("Comunhão e Libertação"), iniciativa eclesiástica presente no mundo todo, que propaga a educação cristã; começou a ler poetas modernos; conheceu a Feira da Providência, evento destinado à arrecadação de fundos para ajudar os mais pobres. O Rio era um agito – também religioso – e João Cláudio gostava disso. A saudade da mãe era amenizada pelas visitas semanais de Therezinha, que levava roupas lavadas e bolos para o filho.

O seminário também ensinou a João algumas formalidades a que não estava acostumado. Ele foi escolhido como mestre de cerimônias, para ficar ainda mais atento às normas e etiquetas que devem ser seguidas pelos integrantes do clero. Mais uma vez, muita gente apostou que não daria certo. Só que, enquanto vários seminaristas iam se perdendo pelo caminho, João Cláudio se mantinha firme na sua formação, e com uma vantagem sobre os colegas: não precisava daquilo para dar satisfações à família (muitos dos aspirantes a padres tinham parentes na Igreja e seguiam uma tradição familiar) nem para sustentar a mãe (que ganhava seu próprio dinheiro). Estava ali por escolha, e só a certeza da vocação ia fazê-lo continuar naquela estrada.

Ao fim de dois anos, concluiu a universidade de filosofia e foi cursar teologia na Pontifícia Universidade Católica (PUC-RJ), que mantinha um campus avançado dentro do São José. Em seguida, emendou um mestrado em teologia, desta vez na própria sede da PUC, na Gávea. Sua pesquisa foi sobre o intelectual italiano Luigi Giussani, considerado um dos grandes educadores do século 20. Para estudá-lo, teve que se aprofundar em outras línguas. São dessa época seus conhecimentos de inglês, latim, italiano, hebraico e espanhol.

E assim o seminarista João se encontrou na vida acadêmica, como um aluno aplicado e estudioso. O esporte ficou meio de lado, mas os livros e a rotina religiosa o preenchiam. Em 1998, ele já tinha passado por todas as etapas necessárias para finalizar o seminário: formação em filosofia e teologia, além dos estudos internos de latim, história, etc. Com apenas 24 anos, era hora de preparar a ordenação.

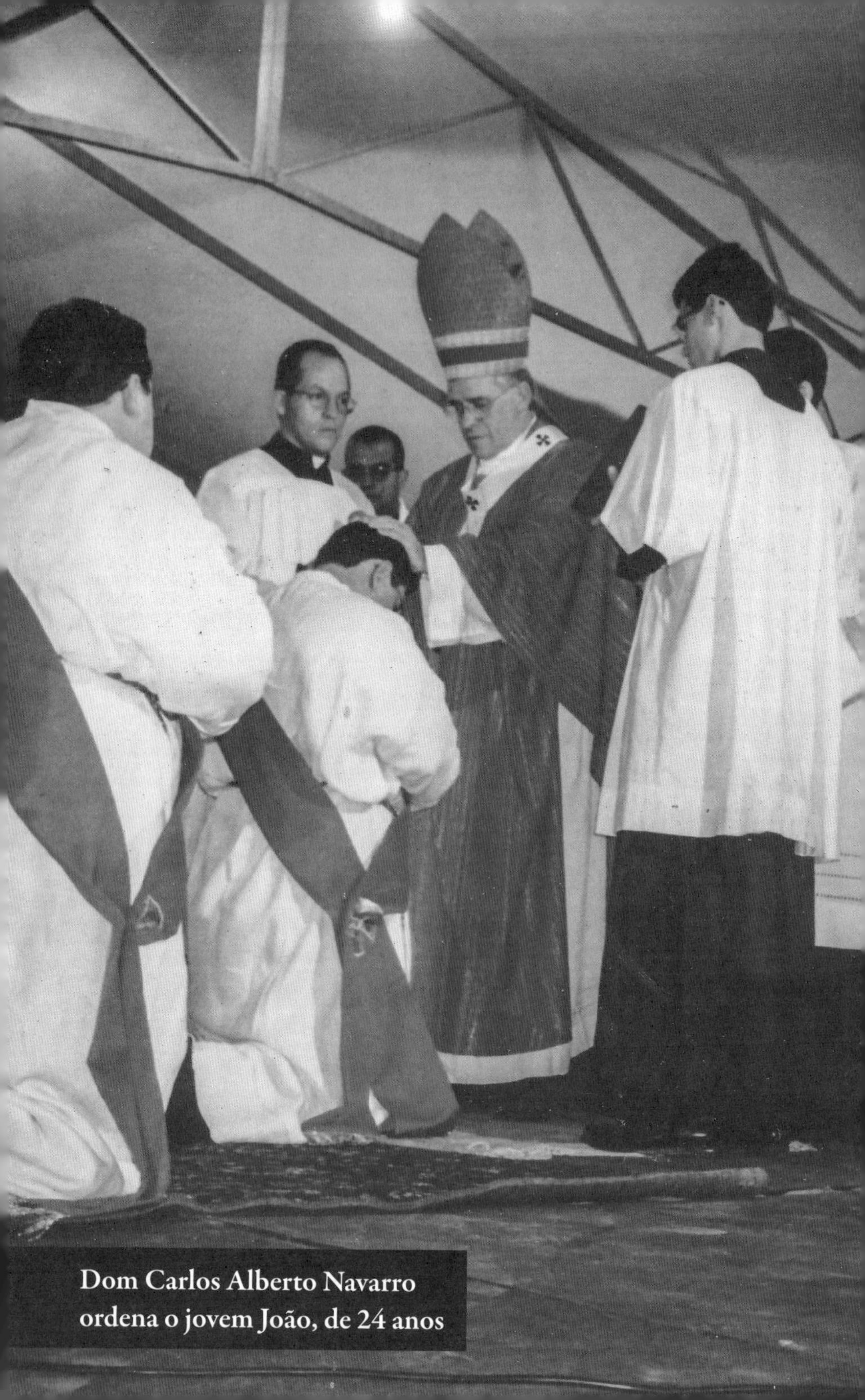

Dom Carlos Alberto Navarro
ordena o jovem João, de 24 anos

16

A ÁRVORE DEU FRUTOS

– *Queres desempenhar sempre a missão de sacerdote, como fiel colaborador da Ordem episcopal, apascentando o rebanho do Senhor, sob a direção do Espírito Santo?*

– *Quero.*

– *Queres, com dignidade e sabedoria, desempenhar o ministério da palavra, proclamando o Evangelho e ensinando a fé católica?*

– *Quero.*

– *Queres celebrar com devoção e fidelidade os ministérios de Cristo, sobretudo pelo sacrifício eucarístico e o sacramento da reconciliação, para o louvor de Deus e santificação do povo cristão, segundo a tradição da Igreja?*

– *Quero.*

– *Queres implorar conosco a misericórdia de Deus em favor do povo a ti confiado, sendo fielmente assíduo ao dever da oração?*

– *Quero.*

– *Queres unir-te cada vez mais ao Cristo, sumo Sacerdote, que se entregou ao Pai por nós, e ser com ele consagrado a Deus para salvação da humanidade?*

– *Quero.*

O arcebispo da Arquidiocese de Niterói, Dom Carlos Alberto Navarro, perguntava. E João respondia. Mas o futuro padre não ouvia nada. Em sua mente, um silêncio estrepitoso se avolumava. Era o dia 12 de dezembro de 1998, e na Matriz de São Gonçalo do Amarante, no Centro de São Gonçalo, acontecia sua ordenação como diácono. A grande lembrança que guarda da cerimônia foi a ausência total de sons, uma revolução interior que o aproximava de sua missão, um mistério que se revelava dentro de si.

João Cláudio passou por duas ordenações. Esta primeira o consagrou diácono, clérigo que pode exercer algumas funções do padre, como realizar casamentos e batizados, mas é impedido de rezar missa, receber confissões e dar extrema unção. A seguinte foi a que o ordenou sacerdote, em 29 de junho de 1999, no local onde funcionava o Seminário de Niterói, também celebrada por Dom Carlos Alberto Navarro.

O Rito de Ordenação ocorre dentro de uma missa, logo depois da Liturgia da Palavra. O bispo chama o postulante e pergunta a testemunhas se ele é digno de receber o sacramento. Em seguida, na homilia, o celebrante fala sobre este importante acontecimento da vida paroquial. É aí que entram as perguntas listadas acima, à semelhança dos matrimônios – há pequenas diferenças entre as palavras usadas na ordenação diaconal e na sacerdotal. O passo seguinte é convidar o religioso a se prostrar no chão, como sinal de entrega a Deus e de desapego, enquanto os demais rezam uma ladainha. Depois ele fica de joelhos, o bispo e os padres põem as mãos sobre sua cabeça, e fazem a Prece de Ordenação. Nesse momento, ele já é padre. É quando tem suas mãos ungidas com óleo e, então, recebe as vestes sacerdotais e o cálice que vai usar em suas liturgias. O final da missa é concelebrado pelo novo sacerdote e por seus colegas.

No fim da ordenação, o agora Padre João Cláudio estava emocionado. Toda aquela longa caminhada passava por sua cabeça. E a sensação era de dever cumprido. Tinha valido a pena o sacrifício para chegar até ali. Mas, ele sabia, sua missão estava apenas começando. Era a partir da ordenação que exerceria de fato o ministério cristão.

No meio de tanta emoção, uma cena teve significado especial. Um dos presentes à ordenação era Márcio, o padre que tanto o ajudou em sua aproximação com a Igreja, que lhe acolheu com sabedoria e acalmou seu coração adolescente cheio de incertezas – o pároco daquela missa marcante no Correão, em 1991, que o despertou para o sacerdócio. Mas havia uma diferença: Márcio não era mais padre. No ano em que João entrou para o seminário, o sacerdote abandonou a batina. Agora, na ordenação do pupilo, ele estava casado e com filhos. O reencontro foi emocionante. Márcio ficou muito sensibilizado por testemunhar o sacramento de João Cláudio. Lembrou-se de sua própria trajetória. E deu um conselho comovente:

– *Não faça das suas promessas o que eu fiz das minhas.*

João, felicíssimo por reencontrar um dos responsáveis por descobrir sua vocação, respondeu com sabedoria:

– *O seu sacerdócio foi muito bom. Árvore boa se conhece pelos frutos. E eu sou fruto do seu sacerdócio.*

Celebrando a missa: a vida de sacerdote exige sacrifícios

17

VIDA DE SACERDOTE

O pároco está rezando a missa na pequenina Igreja de Santa Isabel, num bairro afastado de São Gonçalo, a meia hora do Centro. O lugar é um dos mais perigosos da região metropolitana, e a estratégia da paróquia é reforçar o calendário de celebrações: são oito missas por fim de semana, sendo três no sábado e cinco no domingo. Na homilia, o sacerdote começa a passar sua mensagem de fé. Mas os fiéis estranham. O padre troca algumas palavras, perde o raciocínio, não termina frases. *"Alguma coisa está acontecendo com ele"*, diz um fiel. *"Mas é tão novo..."*, responde outro.

E ele era jovem mesmo. Padre João Cláudio tinha apenas 25 anos, mas enfrentava um processo grave de estafa, depressão e síndrome do pânico. Daí a troca das palavras em algumas missas na Igreja de Santa Isabel, resultado do estado de saúde em que se encontrava.

Os lapsos durante a celebração foram o auge da dificuldade nos primeiros passos de sua atividade sacerdotal. Ordenado aos 24 anos, João foi um padre precoce – atualmente, a idade mínima para o sacramento é de 25 anos, e o Vaticano estuda aumentá-la para 27. Mas, em 1999, o menino criado no Rocha já estava celebrando suas liturgias. O primeiro posto que ocupou foi o de auxiliar numa paróquia em Iguaba. Depois, acabou transferido para a Catedral de São João Batista, em Niterói, e em seguida para a Nossa Senhora de Fátima, em Manilha, em Itaboraí.

Surgiram os primeiros obstáculos do sacerdócio: a relação por vezes espinhosa com os outros religiosos, o peso de servir a comunidades conflagradas, a conciliação com o mestrado em teologia na PUC. Padre João ficou estressado, começou a engordar sem parar. Teve um breve momento de alegria em sua primeira viagem a Roma, no ano 2000, quando experimentou um amor imediato pela cidade, confirmando sua vocação e absorvendo toda a religiosidade da capital italiana.

Mas, na volta, foi enviado para Santa Isabel, uma missão complicada pelo entorno barra-pesada e pelo excesso de atividades na igreja – sem contar o vaivém de ônibus quase diário para a Gávea, onde fazia a pós-graduação. A mente pifou, o corpo não aguentou.

Padre João tirou uma licença da igreja e ficou em casa, tomando remédios fortíssimos e com o apoio de um psiquiatra. De cama, trancou o mestrado na PUC, o que o deixou mais chateado ainda. Foram quase três meses nessa prostração, até que o telefone tocou:

– Alô, João? Olá, meu filho! Aqui é padre Jonas, da Canção Nova. Soube que você está com problemas, não está muito bem. Você não quer vir amanhã aqui em Cachoeira Paulista?

João Cláudio não acreditou! Monsenhor Jonas Abib, o lendário fundador da Canção Nova, telefonando para ele pessoalmente? No começo, até achou que fosse trote. Mas depois Padre Jonas explicou: alguns amigos que João tem na Canção Nova contaram a ele que o padre do Rio estava passando por problemas, que precisava de oração. E o monsenhor resolveu ajudar.

A Canção Nova é uma comunidade carismática católica, fundada em 1978, no interior de São Paulo, a mais de 200 quilômetros da capital paulista. É formada por um grupo de fiéis que assumem a consagração a Deus numa vida em comunidade. A sede ocupa uma área de 372 mil metros quadrados, com capelas, posto médico, escola, restaurante, bancos, lojas, pousada, área de camping e obras sociais. Há ainda um estádio para 80 mil pessoas, um galpão de eventos e um auditório, que recebem milhares de peregrinos durante o ano inteiro.

É reconhecida por sua força midiática, com várias rádios espalhadas pelo país e uma emissora de TV.

Diante do convite de Padre Jonas para ir a Cachoeira Paulista, João Cláudio não pensou duas vezes. E no dia seguinte estava lá. A conversa entre eles foi profunda, demorada. João se mostrava abatido, desiludido, prostrado. A memória apresentava falhas. Jonas disse:

– *Quando a gente entra para o caminho de Deus, pensa que mudar é construir o edifício tijolinho por tijolinho, uma coisa em cima da outra. Não é, não. Às vezes, para revelar um homem novo, Deus precisa desconstruir, para só então reconstruir. E no seu caso ele desconstruiu mesmo, hein? Não sobrou nada, meu filho!*

O fundador da Canção Nova viu que João precisava de cuidados mais profundos, e o convidou a passar um tempo por lá. O tratamento era o seguinte: pela manhã, o rapaz ficava em adoração ao Santíssimo; à tarde, atendia às confissões de todo mundo que ia à chácara; e à noite, recebia orientações dos médicos e orava. Ficou morando com os jovens consagrados, vivendo intensamente a rotina de formação deles.

Quatro meses depois, João se sentia bem melhor e resolveu retornar ao Rio, apesar dos convites para ficar na Canção Nova. Voltou para a paróquia de Manilha, mas em seguida foi transferido para a Igreja Nossa Senhora da Conceição, na Ilha da Conceição, Zona Norte de Niterói. Nessa época, sua mãe começou a ter um problema nos olhos, o que acabou comprometendo sua visão quase por completo. Depois de tantos anos, Therezinha voltou a morar com o filho. O próximo passo de João foi uma igreja em Itaipu, na Região Oceânica de Niterói. Até que, em 2005, ele acabou transferido para a Nossa Senhora de Fátima, no Bairro de Fátima.

A chegada à atual igreja foi desoladora. O local estava caindo aos pedaços, com madeiras corroídas pelos cupins, praticamente sem fiéis e voluntários, abandonada à própria sorte. Padre João teve que botar a mão na massa, literalmente, para reconstruir o local: nas obras, foi até ajudante de pedreiro.

A primeira metade da década de 2000 foi intensa. Além de sua depressão, dos problemas de saúde da mãe e das transferências de paróquias, foi nessa época que João descobriu toda a verdade sobre o pai, o que mexeu com sua cabeça. Embora acompanhasse as obras de restauração da igreja, os progressos eram lentos, a comunidade respondia pouco, o suor era muito para avanços tímidos. A vida não ia bem. A tristeza foi voltando, o desânimo o abatendo, havia uma incompreensão de sua missão. A obesidade só agravava a situação. Entre 2006 e 2007, com 32 anos, o padre pesava 160kg. Alguma atitude precisava ser tomada.

É neste momento que Padre João decide fazer a cirurgia de redução de estômago, que lhe retirou 60kg do corpo e uma tonelada das costas – ele foi operado no dia 13 de outubro de 2007, data em que se comemoravam os 90 anos da última aparição de Nossa Senhora de Fátima, a Virgem que dá nome a sua igreja. À saída do Hospital São Lucas, o religioso tinha passado por uma transformação física, mas também por uma renovação espiritual, importante para o nascimento da missa de São Miguel, como foi narrado na abertura desse livro. Depois de tanto sufoco nos primeiros anos de sacerdócio, finalmente Padre João estava pronto para cumprir a missão de acalentar os fiéis de sua comunidade.

Em visita à Itália, nas ruínas do Senado romano

18

RITUAIS DE DESPEDIDA

— *João Cláudio, você é padre, né? É até melhor nesse caso, porque tem Deus no coração. Olha, eu vou ser muito sincero. Seus exames estão aqui. Eles mostram um problema sério no estômago e no pâncreas. É um câncer já com metástase, que se espalhou, e uma cirurgia a essa altura não resolveria. Você pode fazer quimioterapia ou radioterapia para atenuar, mas não há chance de reversão. Você deve ter mais uns seis ou sete meses pela frente.*

Se lendo já é forte, imagine ouvir essas palavras da boca de um médico. Era julho de 2016 quando o Padre João fez exames de rotina, a que se submetia desde a cirurgia do estômago. Mas os resultados surpreenderam e indicaram uma doença em estágio terminal. Mesmo para um religioso, o baque foi forte.

Ele saiu do consultório atordoado, voltou para casa, subiu o morro que existe atrás da Igreja Nossa Senhora de Fátima e queimou os exames. A fumaça preta, que ao sair da chaminé da Basílica de São Pedro, no Vaticano, avisa que a eleição do Papa não teve fim, naquele momento indicava um ponto final para Padre João. Era hora de se despedir.

O padre preferiu não contar a ninguém sobre o ocorrido. A ideia de queimar os exames era para não correr o risco de que eles caíssem nas mãos de sua mãe – tremia só de pensar na reação de Therezinha diante da notícia. Uma das poucas pessoas com quem dividiu sua angústia foi com a paixão de adolescência. Os dois não se afastaram depois da desilusão amorosa: ao contrário, se tornaram amigos. Ela chegou a ensaiar um flerte, quando João estava entrando para o seminário, mas ouviu dele uma frase definitiva: *"Agora não dá, é tarde demais"*. Mas a amizade floresceu, a moça se casou e seus filhos foram batizados por João. Atualmente, ela mora em... Cabo Frio, cidade recorrente nesta história. O fato é que a jovem foi um ombro amigo importante nestes dias de desespero.

Em novembro, Padre João recebeu um convite para ir a Roma, participar do Consistório (nomeação de novos cardeais) e do encerramento do Ano Jubilar da Misericórdia, em viagem com os secretários do arcebispo da Arquidiocese do Rio de Janeiro, Dom Orani Tempesta. Foi a cada cantinho da capital italiana pelo qual tinha se apaixonado, para se despedir. Tomou o primeiro porre de sua vida, numa noite em que exagerou nas taças de negroni (coquetel típico da Itália que mistura três doses idênticas de gim, vermute tinto e Campari).

Se a bebida descia fácil, a comida não lhe caía bem. Não sentia fome, deixava os pratos pela metade. Dom Orani percebeu que o padre estava diferente e perguntou a causa de tamanho abatimento. Pela primeira vez depois da conversa com a ex-amada, ele se abriu, e contou toda a história do câncer. O arcebispo ficou assustado e o fez prometer que realizaria novos exames. Mas João já estava entregue à ideia de que ia morrer. Só resolveu investigar melhor a enfermidade quando encontrou uma paroquiana que lhe contou ter sido vítima de um erro médico.

Em janeiro de 2017, Padre João refez os exames. A desesperança continuava, mas ele queria tirar aquela pulga detrás da orelha. Na hora de buscar os resultados, a ansiedade natural de quem pode ver sua sentença de morte escrita num papel. Mas aí veio outra reviravolta do destino: era tudo alarme falso. Sua saúde estava perfeita, ele também havia sido vítima de erro médico. Estava pronto para receber alta. Mas só sossegou de verdade quando atravessou fevereiro e nada aconteceu – afinal, aquele era o fim do prazo de sete meses de sobrevida dado pelo médico.

Esse período de despedidas foi marcante para João Cláudio. A iminência da morte mudou seu estilo de vida e o fez repensar muita coisa. Na preparação para a partida, chegou a escrever um testamento. Foi nessa época que fez sua primeira tatuagem. Também começou a beber socialmente com os paroquianos. Se reencontrou com o carnaval. E voltou para sua antiga paixão, o jiu-jítsu. Depois de vencer as trevas, o dia a dia de João ganhava novas cores.

Com a prima-irmã, Márcia:
momentos de dor

19

BATALHA PERDIDA

Apenas sete meses se passaram desde que Padre João festejou seu retorno à vida. Como uma prova concreta de que não se pode prever os desígnios divinos, a iminência do fim voltou a assombrá-lo em setembro de 2017, numa ligação.

– *Tio João, minha mãe não está bem. Voltou a ter aquelas ideias... É melhor você vir pra cá. Com urgência.*

Do outro lado da linha estava o filho de Márcia, prima de Padre João Cláudio. Ele telefonou para contar que a mãe falava com muita insistência em suicídio. A situação começou a ficar preocupante. E a presença do religioso era fundamental.

Márcia era uma prima de segundo grau do padre, mas como tinham a mesma idade (ela nasceu poucos meses depois), foram criados praticamente juntos e se tratavam como "primos-irmãos". Ela é da parte materna da família, dos parentes que viviam em Trajano de Moraes. A avó de Márcia era irmã mais velha de Therezinha; a mãe de Márcia e o marido foram padrinhos de casamento dos pais de João.

O telefonema falando sobre as ideias suicidas da prima não surpreendeu João. Ela já havia tentado se matar quatro anos antes, se atirando da janela de seu quarto, do sexto andar de um prédio em Santa Rosa, Niterói. Márcia estava em depressão profunda, possivelmente causada por assédio moral no trabalho. Ela era oficial de Justiça e dava expediente na Central de Mandados do Fórum de Alcântara, em São

Gonçalo. Ao lado de outros 11 colegas, chegou a abrir um processo administrativo denunciando a chefia. Segundo a acusação, a diretora colocava os funcionários uns contra os outros e, quando alguém não dava conta do serviço, era humilhado e tratado aos gritos na frente de todos. Márcia também se considerava perseguida por ser enviada com frequência para cumprir mandados na Favela do Salgueiro, região perigosíssima da cidade. À época, o Tribunal de Justiça do Rio de Janeiro negou que ela estaria sofrendo assédio moral.

A consequência disso tudo é que, em novembro de 2013, com a depressão agravada pela perda da mãe para um câncer, ela se jogou da janela. Sofreu múltiplas fraturas e teve traumatismo craniano, mas o atendimento no Hospital Alberto Torres (unidade de referência para vítimas de politraumatismo) foi tão bom que a salvou da morte. Passou por uma cirurgia de oito horas para reconstruir a bacia, e um mês depois já estava dando os primeiros passos. No Judiciário, seu caso virou um símbolo da luta contra o abuso de autoridade – e um exemplo de quão graves podem ser as consequências de um ambiente hostil no trabalho.

Depois disso, a relação de Padre João e Márcia se estreitou ainda mais. As palavras do sacerdote foram importantes na recuperação psicológica da prima, que se sentiu muito amada pelos parentes e colegas de profissão. Mas a depressão é um bicho insidioso: quando menos se espera, ela volta. Nesse caso, retornou com tanta força que o filho de Márcia ficou preocupado em ver a história se repetir. E telefonou para João.

Era noite do dia 5 de setembro de 2017, a depressão tinha ressurgido com intensidade, assombrando o dia a dia da oficial de Justiça. O caso foi saindo de controle, os desejos suicidas voltaram a perturbá-la. Naquele momento, o filho de 20 anos notou que a mãe estava especialmente fragilizada e temeu pelo pior. Ligou então para o "tio" (eles se tratam como tio e sobrinho), que a seu ver era a pessoa com mais recursos para ajudá-la.

João Cláudio correu para a casa de Márcia. A encontrou na cama, prostrada, claramente entregue à doença. Mas, desta vez, o sacerdote percebeu algo diferente: ela estava tranquila, com a serenidade de quem já tinha tomado a decisão. João ficou assustado, mas permaneceu ao lado da prima por duas horas, tentando convencê-la de que a vida valia a pena, usando argumentos de fé, de afetividade, lembrando do amor que ela sentia pelos filhos – além do rapaz, uma menina de 13 anos.

Mas ela se manteve impassível, o que deixou Padre João impotente. A prima dizia que não adiantava, que ia se matar mesmo que a amarrassem na cama. Tinha cansado da vida. Márcia chegou ao requinte de explicar como gostaria de ser enterrada, com música e flores. E escreveu duas cartas de despedida, uma para cada filho. No dia seguinte, 6 de setembro, por volta das 13h, se jogou da mesma janela de quatro anos antes.

O enterro foi no Cemitério de São Miguel, o que torna essa história ainda mais tocante para o Padre João Cláudio, em novo encontro com o arcanjo. O cemitério havia sido construído depois do famoso incêndio do Gran Circus, em Niterói, uma das maiores tragédias do país, ocorrida em 1961. Foram mais de 370 mortos, e a cidade não tinha espaço para enterrar os corpos. O município vizinho, São Gonçalo, reservou então um lugar para receber os cadáveres, que depois se tornaria o Cemitério de São Miguel.

O sepultamento de Márcia foi realizado lá, respeitando o desejo manifestado por ela – ao som de "Pétala", de Djavan, cuja letra toma outro significado quando se conhece a história: *"Por ser exato / O amor não cabe em si / Por ser encantado / O amor revela-se / Por ser amor / Invade / E fim"*.

O suicídio hoje é encarado pela Igreja Católica de forma um pouco diferente. Antigamente, era considerado em pecado mortal, um crime contra o Espírito Santo, e o suicida não tinha nem direito a missa. Mas essa visão foi mudando, a partir do entendimento de que a depressão é uma doença, e que o ato é uma forma extrema de tentar arrancar de si uma dor insuportável.

A situação afetou Padre João Cláudio de duas formas: por ter perdido um parente tão próximo; e por não ter conseguido, como religioso, demover a prima da ideia do suicídio. Quando viu Márcia no caixão, com seu rosto sereno, compreendeu que ela precisava daquela paz, que não havia experimentado em seus últimos anos. Para o sacerdote, ficou o ensinamento de que a vida e a morte são mistérios de Deus, e não há ninguém aqui na Terra que consiga decifrá-los.

Um ano antes, João Cláudio tinha chegado bem perto da morte, mas escapou. Dessa vez, ficou cara a cara com o fim da linha, representado por sua prima, que desistiu da vida diante de seus olhos. Tentou de todas as maneiras evitar aquela tragédia, travou o bom combate, fez o possível para vencer a morte novamente. Mas, dessa vez, ela foi implacável. E deixou em seu coração uma lição valiosíssima: não se pode ganhar todas as batalhas.

O padre leva uma vida comum: torce para o Botafogo, assim como os primos

20

UM PADRE SECULAR

A figura de Padre João começou a ganhar notoriedade por conta da multidão que as missas de São Miguel atraem para a Igreja Nossa Senhora de Fátima, em Niterói. Mas, quando nos aproximamos do sacerdote, encontramos um religioso muito diferente daqueles a que estamos habituados. Ele é jovial e tem um estilo de vida integrado ao mundo em que está inserido: gosta de samba, luta jiu-jítsu, tem mais de 20 tatuagens espalhadas pelo corpo, fuma charuto e é usuário ativo das redes sociais. Para os leigos, não é tão simples entender. Mas tudo fica mais claro levando-se em conta a organização sacerdotal da Igreja Católica, que divide os padres em dois grupos: os seculares (ou diocesanos) e os regulares (ou religiosos).

Padres regulares (freis, monges) são aqueles que pertencem a uma ordem religiosa (franciscano, beneditino, jesuíta, redentorista, agostiniano, etc.). Em geral têm a vocação para a vida religiosa consagrada antes mesmo do sacerdócio, e fazem votos de pobreza, obediência e castidade. Já os padres seculares são ligados a uma diocese (paróquia) e não fazem votos, apenas promessas de celibato e obediência ao bispo. Levam uma vida mais semelhante aos não-religiosos, podendo trabalhar, ter casa e salário.

João Cláudio é um padre secular. E faz questão de levar uma vida normal, circulando pelas ruas como um cidadão comum, frequentando os mesmos lugares onde o povo está. Em Niterói, por exemplo, é fácil encontrá-lo no Caneco Gelado do Mário, um dos bares mais famosos da cidade, tomando uma caipirinha.

Mas nem sempre é possível, porque sua rotina é intensa. O padre costuma acordar às 6h da manhã, hábito que trouxe do seminário. Ele se levanta, faz orações, prepara a capela, coloca a batina e reza a missa sozinho, diariamente – às segundas-feiras, em latim, para não esquecer a língua. Depois, toma café com os funcionários da paróquia e despacha os assuntos internos com a secretária.

Em seguida, é a hora de cuidar do físico, com aulas de jiu-jítsu ou treinos individuais. Ao meio-dia, senta para almoçar. À tarde, vai para a cidade resolver questões pessoais e pendências burocráticas da diocese, ou tira um tempo para estudar. Lê muitos livros técnicos, sobre filosofia, espiritualidade, direito canônico, a causa dos santos. Navega na internet em busca de novidades sobre religião. Também se interessa por literatura brasileira, de Nelson Rodrigues a Érico Veríssimo, passando por Ariano Suassuna. As noites são dedicadas a jantar, ver televisão com a mãe e fazer mais orações antes de dormir. Na TV, assiste a documentários no History Channel e a novelas antigas no Canal Viva – "Baila comigo", "Vale tudo" e "Sinhá Moça" são algumas de suas preferidas.

Às quartas-feiras atende à comunidade. Ele se senta numa cadeira depois do almoço e só levanta à noite: ouve todo tipo de solicitação e dá conselhos e orientações aos fiéis. Padre João não gosta de burocracia. Os atendimentos são sem hora marcada; basta chegar na igreja e aguardar a vez. Eventualmente, conversa com os paroquianos no banco da praça que fica em frente à Nossa Senhora de Fátima, reforçando a informalidade da situação.

Sua casa fica no mesmo terreno da igreja, na parte de cima. Para se chegar até ela, é necessário subir 57 degraus – o que para Therezinha, que tem dificuldades de visão, é um transtorno. Para assistir às missas, por exemplo, ela evita descer a escadaria: se posiciona no segundo andar da igreja, praticamente o quintal de sua casa, onde há janelinhas que permitem ver o altar. Os degraus continuam depois da entrada e dão acesso ao Morro da Calha, que tem um sítio histórico para a cidade de Niterói: o aqueduto da Chácara do Vintém, construído há quase 200 anos como o primeiro sistema de abastecimento de água do município.

João mora com a mãe e uma cachorra, que fica solta pelos cômodos: Loura, uma mistura do doce labrador com o feroz pitbull. A sala está frequentemente cheia, com as visitas de parentes e amigos, que não se furtam a provar os deliciosos bolos preparados pela matriarca. Do lado de fora da casa, há dois cantos de que o padre gosta muito: a varanda, onde fica o tatame em que faz aulas de jiu-jítsu; e o mini-estúdio que montou para uma rádio com transmissão pela internet.

A Web Rádio ArcMig Niterói, a Rádio de São Miguel Arcanjo, é um dos exemplos da forte relação de João Cláudio com as mídias e as redes sociais. Ele criou uma emissora na igreja, com uma programação regular para religiosos de todo o mundo – há ouvintes do Timor Leste, Cabo Verde, Angola, Estados Unidos, de países da Europa e até do Japão. Os programas são gravados na própria paróquia, que tem duas câmeras e internet turbinada. A apresentação é do religioso ou de pessoas da comunidade que têm relação com os temas. São atrações como "Gotas de misericórdia", "Bom dia, São Miguel", "Questões de fé" e "Catequese é vida". No "Samba de fé", músicos e convidados falam de sua devoção, ouvem sambas antigos e explicam os enredos das escolas. Já "Papo de luta", trata da rotina de atletas e treinadores de jiu-jítsu e boxe.

Mas sua atividade virtual não para por aí. Somando os perfis pessoais e os da missa de São Miguel no Facebook e no Instagram, acumula mais de 12 mil seguidores. Padre João faz dezenas de posts por semana: coloca imagens de sua atuação na igreja e fotos da infância, dos treinos, da família, de encontros com amigos. Nas páginas da missa, publica os avisos para a comunidade e faz transmissões ao vivo das celebrações. O objetivo ao se expor nas redes é um só: mostrar que um padre tem uma vida comum. Como qualquer um de nós.

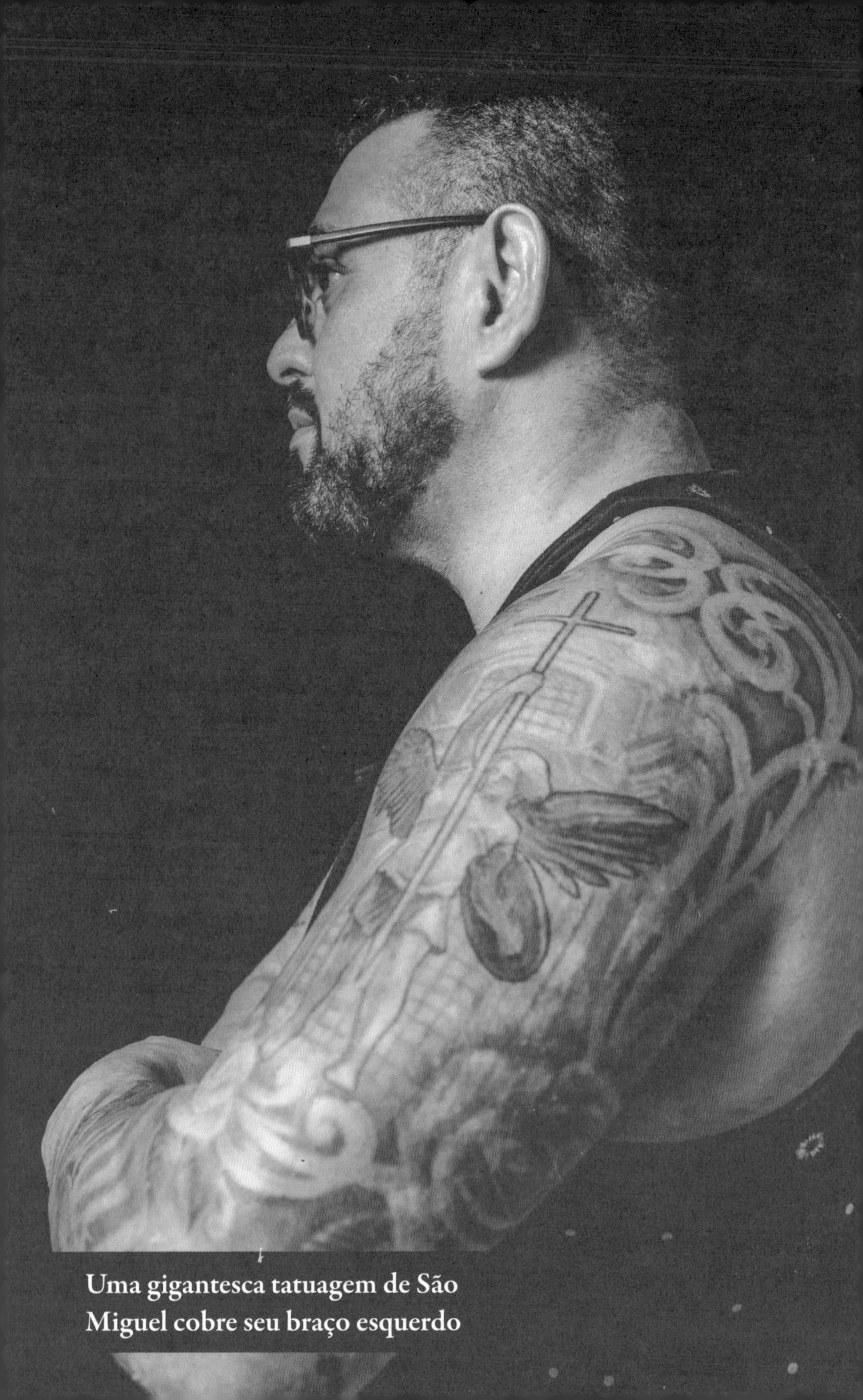

Uma gigantesca tatuagem de São Miguel cobre seu braço esquerdo

21

MARCADO NA PELE

Padre João Cláudio entrou num estúdio de tatuagem em Icaraí, Niterói. Sentou numa das cadeiras e fez o pedido.

– *Quero que tatue aqui, perto do ombro direito, um buraco de bala.*

O tatuador era experiente. Em muitos anos de atividade, já tinha recebido as solicitações mais surpreendentes. Mas até ele se assustou.

– *Um buraco de bala? Como assim?*

– *Sim, um buraco de bala* – confirmou Padre João, com a fala calma que lhe é característica: – *Desse tipo aqui* – e lhe mostrou um desenho com o formato, o calibre e o tamanho desejados.

Todo profissional de tatuagem com alguns anos de estrada já aprendeu: se o cliente quer uma imagem específica, só lhe cabe pegar a agulha e executar. Mãos à obra, sem julgamentos! E foi assim que o buraco de bala foi parar na pele do padre. Para sempre.

O susto do tatuador só não foi maior porque aquela não era a tatuagem de estreia de João. Seu corpo já estava bem "rabiscado". A primeira inscrição foi feita em 2016, justamente quando ele começou seu ritual de "despedida": Miguel (sempre ele!). No lado esquerdo do peito, perto do coração, há três inscrições com o nome do arcanjo, uma em latim, outra em hebraico e a última em árabe, simbolizando as três grandes religiões: cristianismo, judaísmo e islamismo. A segunda tatuagem foi uma enorme imagem de São Miguel, que praticamente cobriu o braço esquerdo.

Em seguida vieram a Cruz de Jerusalém e a medalha de São Bento.

A tatuagem da Cruz de Jerusalém é tradição entre os cristãos que visitam a Terra Santa, marcada no corpo dos fiéis há mais de 700 anos. Já a medalha de São Bento foi escolhida por ser muito utilizada em exorcismos. Seu uso nos rituais foi aprovado pelo Papa Bento XIV, no século 18. Ela traz, entre outras inscrições, a expressão "Vade Retro, Satanás". E São Bento é considerado o patrono dos exorcistas.

Mas depois de tantas imagens sacras, como é que surge um buraco de bala na pele do padre? Se a palavra religião tem sua origem no latim "religare", tudo faz sentido. A tatuagem da bala simboliza a união de Padre João Cláudio com seu pai. Ela reproduz o projétil que matou o policial e representa as pazes com a memória de Valmir, depois de um tormento de anos e anos. Se, para um desavisado, aquela imagem remete à violência, quem conhece a história sabe que o significado exala a mais profunda paz.

A bala não é a única homenagem ao pai riscada na pele de João. Há também o "apelido de guerra" do soldado (CHPRRL, que é Chaparral escrito sem as vogais), e os dois nomes (Valmir e João Cláudio) grafados com a caligrafia do pai.

Outras paixões do pároco foram inscritas nas pernas: numa, aparece a imagem de Wolverine (o herói da Marvel); em outra, "jiu-jítsu" escrito em japonês. Ainda no terreno religioso, há o sol dos jesuítas e uma caveira (símbolo da igreja, como prova a imagem de São Francisco, que em geral traz uma caveira nas mãos ou a seus pés). Ao todo, são 27 desenhos espalhados pelo corpo.

Quando começou a fazer as tatuagens, João enfrentou muito disse-me-disse no meio cristão. Quase ninguém sabia de seu problema de saúde, e as versões para a "loucura" eram inúmeras. Mas ele seguiu firme, inclusive benzendo tatuagens de fiéis em suas missas. Teve a certeza de que estava fazendo a coisa certa quando ouviu uma declaração do Papa Francisco, em março de 2018, sobre os desenhos nas peles dos religiosos. Durante uma sessão de perguntas e respostas com aspirantes a padres na reunião pré-sinodal do Vaticano, o Pontífice disse que as tatuagens são um ponto de partida para o diálogo com as novas gerações.

"Não tenham medo de tatuagens", disse Francisco, antes de lembrar que, durante muitos anos, os eritreus desenhavam uma cruz na testa. *"Essa cruz era tatuada. Hoje pode haver algum problema de exageros, mas não um problema com as tatuagens em si. Elas geralmente significam pertencimento a uma comunidade. Você, meu jovem, que está tatuado, o que você está procurando? Nesta tatuagem, você está expressando o pertencimento a qual comunidade? É isso o que temos que compreender. Com os jovens, nunca se deve ter medo. Nunca. Porque sempre, mesmo atrás de coisas que não são tão boas, há algo que nos trará alguma verdade."*

Essa frase trouxe paz para o padre. São vários os religiosos com as marcas na pele, mas a maioria camufla por baixo das vestes, poucos têm a coragem de exibir – e isso gerou olhares tortos para João nos primeiros meses após os desenhos. Mas, aos poucos, a situação foi se normalizando. Para o padre, uma das tatuagens mais emblemáticas que traz no corpo é a poesia estampada em seu braço direito. Escrita com sua caligrafia, é outra homenagem a Valmir, reproduzindo o clássico discurso do pai do Super-Homem, Jor-El, ao filho, quando o manda para salvar a Terra. A cena pode ser vista em alguns dos filmes do herói, como "Superman", de 1978, e "Superman – O retorno", de 2006:

"Você será diferente, às vezes se sentirá rejeitado, mas nunca estará só. Você fará da minha força a sua. Você verá a minha vida através dos seus olhos. Assim como a sua será vista através dos meus. O filho transforma-se no pai, e o pai se transforma no filho."

A título de curiosidade, vale lembrar que muitos especialistas consideram que a criação do personagem Super-Homem se deu inspirada na saga de Jesus Cristo: o super-herói, como se sabe, era de origem humilde, foi enviado por seu pai para salvar a Terra e, com seus poderes, combatia a injustiça e restaurava a verdade. Olhando sob esse aspecto, a frase que adorna o braço direito de Padre João pode ter várias leituras. Afinal, nada mais sagrado do que a relação entre pai e filho.

Rezando missa na quadra
da Unidos do Viradouro

22

BÊNÇÃO À FOLIA

Madrugada de 6 de fevereiro de 2016. Esquina da Rua Marquês de Sapucaí com a Avenida Presidente Vargas, no Centro do Rio de Janeiro. A esta altura, aquele pode ser considerado o centro do universo, tamanha a quantidade de energia circulante. É sábado de carnaval, e o maior espetáculo da Terra atrai as atenções do mundo inteiro. Por volta de 1h da manhã, uma escola toda fantasiada de vermelho desponta na Avenida. O repique soa, a bateria começa a tocar. Em poucos segundos, a arquibancada explode de alegria.

Aquela curva é local de passagem de componentes e alegorias, vindos da concentração para ganhar a pista. Mas um dos desfilantes não evolui. Fica ali, observando a entrada da escola, com uma camiseta onde se lê "presidência". Não que esteja imóvel ou desanimado. Ao contrário. Sua empolgação é evidente. Ele pula, se agita. No corpo, leva um adereço diferente dos demais integrantes: uma vieira de Santiago de Compostela (uma espécie de concha de peregrino), com uma imagem de São Miguel – mas não corre o risco de fazer a escola perder pontos em fantasia, porque o objeto está grudado ao peito, embaixo da camiseta. Mesmo com sua devoção marcada, não se furta a cantar o samba a plenos pulmões:

Kaô kabecile Xangô
Ora ieiê, Mamãe Oxum do ouro

São João Batista que me batizou
É o protetor da minha Viradouro

Viradouro no couro do tambor
Pediu a Oxum e Xangô
Ora ieiê kaô
E a Olodumaré, no Ifé
Que o africano caminheiro
Desça em solo brasileiro
Pra falar da Luz de Nazaré

O folião é Padre João Cláudio. A letra que ele canta faz parte do enredo "O alabê de Jerusalém", que a Viradouro levou para a Avenida em 2016. Engana-se quem pensa que o padre só desfilou porque o tema era religioso. Nos anos anteriores, em que a escola homenageou a cidade de Niterói (2014) e a negritude brasileira (2015), ele marcou presença. Assim como também bateu ponto nos dois carnavais seguintes, em enredos sobre a infância (2017) e a loucura (2018).

Padre João não estava ali na curva da Marquês de Sapucaí à toa. Ele abençoa a entrada de cada carro alegórico e cumprimenta os desfilantes. Muitos brincam com sua animação: *"O Red Bull do padre é bom, hein!"*, grita um ritmista. A intimidade não é gratuita. A turma da Viradouro o considera parte da comunidade, já que o sacerdote está próximo à escola o ano todo, e não só no desfile. Ele visita o barracão para benzer alegorias e adereços, faz missa na quadra, acompanha os preparativos para o desfile, comparece aos ensaios de rua.

A recíproca é verdadeira: os sambistas frequentam suas celebrações e pedem a bênção antes de um evento importante. O puxador Zé Paulo Sierra e a porta-bandeira Rute Alves são alguns dos que estão sempre por lá. A vice-presidente da escola, Susie Monassa, filha do presidente de honra, José Carlos Monassa, tornou-se amiga do padre. O atual presidente da vermelho e branco, Marcelo Calil, assiste à missa de São Miguel em uma das cadeiras no altar e costuma ser um dos agraciados com o banho de balde abençoado de João Cláudio. A conciliação entre batina e tamborim acontece na maior tranquilidade. Até porque o carnaval entrou muito cedo na vida do menino.

A avó portelense foi quem plantou o amor pelo samba. Apaixonada por Clara Nunes, Otília via os desfiles pela televisão e explicava tudo ao neto. Os pais e os tios eram frequentadores de bloco e sempre arrastavam o garoto para as ruas ou para os bailes de clubes. As primeiras lembranças de João são de usar fantasias de pierrô e de índio. Entre as escolas de samba, ficou marcado o desfile de 1979 da Mocidade Independente, campeã com "O descobrimento do Brasil". Mas é a partir do ano seguinte, 1980, que um carnavalesco chega à verde e branco de Padre Miguel e, com seu estilo colorido e irreverente, inscreve seu nome no carnaval carioca e na memória de João: Fernando Pinto. A Mocidade conquista o coração do menino, que também tinha espaço para a Beija-Flor, já que o pai era componente da azul e branco de Nilópolis. João cresceu entre o verde e o azul, e só em 1991, com a chegada da Viradouro ao Grupo Especial, se decidiu pelo vermelho, assim como boa parte dos moradores de Niterói.

Em meados da década de 90, com a entrada no seminário, surge um dilema: como conciliar essa paixão antiga, o amor pelo carnaval que fazia seu coração bater mais forte desde criança, com a vida religiosa? No seminário de Niterói, a resposta veio da pior forma possível: João e seus companheiros entravam em retiro de silêncio durante os dias de carnaval. A quietude do local só era quebrada por alguém na rua cantando um samba, ou um batuque mais forte que viajava pelos ares até fazer trepidar uma alma em estado de calmaria, mas doida para cair na folia.

Na mudança para o Seminário de São José, no Rio, veio a boa notícia: não havia retiro no carnaval. Todos eram liberados nos dias de

Momo, e João pôde se reconectar a essa paixão. De volta à convivência com os sambistas, se aproximou ainda mais da vermelho e branco de Niterói, especialmente na década de 2010: desde 2014 desfila todos os anos na Marquês de Sapucaí. Não é por acaso que, em algumas de suas homilias, podem ser ouvidas expressões caras ao mundo do samba: *"Nossa igreja tem que ganhar 10 em evolução. Como anda a harmonia da nossa liturgia, como está nosso conjunto? Estamos tratando bem da nossa velha-guarda e da nossa ala das crianças?"*.

Conhecendo ainda mais por dentro as escolas de samba, João Cláudio pôde perceber as semelhanças entre a vida comunitária nas agremiações carnavalescas e nos grupos religiosos. Uma das coisas que mais o impressionam é a dedicação do povo do samba, a noção de comunidade em torno de um mesmo pensamento, além dos rituais bem marcados, como o beijo na bandeira, as tradições da quadra. O cuidado com os mais velhos e com os mais jovens é outro ponto de contato, sem falar na celebração da alimentação, através das feijoadas e dos cozidos – afinal de contas, o cristianismo surge disso também; não podemos esquecer que o altar é uma mesa de refeição.

Nessa união de religião e carnaval, Padre João tem um desejo secreto: fazer um samba em homenagem a São Miguel. Mas ele sabe que o espaço das escolas é uma manifestação cultural, e que não deve ser confundida com uma celebração religiosa. Essa compreensão o faz cantar sem problemas, por exemplo, os versos descritos no início desse capítulo, com referências a orixás das religiões de matriz africana.

– Não me ofende de forma alguma. Não é uma heresia porque não há profissão de fé naquilo. Canto como se estivesse num teatro, assistindo a uma peça. Não se deve dar valor religioso. A Marquês de Sapucaí é um grande teatro. Aquilo é cultural, e não cultual. Da mesma forma, quem é de outras religiões pode cantar músicas católicas, simplesmente porque acha bonitas. Isso não muda a fé de ninguém – explica João, contando por que não há problemas em um religioso frequentar o carnaval: – Você tem que ser o que você é dentro e fora da igreja. Você não pode ir contra a fé nem contra a moral. Se estiver dentro desses preceitos, pode ir a qualquer lugar. Jesus não ia? Não comia nas casas dos pecadores? Não ia a lugares onde os judeus não entravam? Ele é nosso maior exemplo.

Acima, no tatame lutando;
abaixo, o certificado da faixa roxa

The Icon Jiu-Jitsu Team

Certifico

João Cláudio Loureiro do Nascimento

A Faixa Roxa em Brazilian Jiu-Jitsu

São Gonçalo, 30 de Junho de 2017.

Fabiano Oliveira Freitas
Faixa Preta 3ºGrau

Jorge Lapela
Faixa Preta 1º Grau

José Marcello F. Rodrigues
Faixa Preta 5ºGrau

23

PRONTO PARA O COMBATE

Petrópolis, Região Serrana do Rio de Janeiro. Campeonato Estadual de Judô de 1985. João saiu de casa por volta das 6h30 da manhã, com um café miúdo no estômago. Às 8h, já estava no local da competição. E ficou esperando a hora das lutas de sua categoria. A estrutura de sua equipe era minguada. Não tinha alimentação. O tempo foi passando – e a barriga, esvaziando –, até que chegou o momento do combate, já por volta das 13h. Fraco, ele foi presa fácil para o adversário, sofrendo um ippon com menos de um minuto e meio. Saiu de cabeça baixa. Mas aprendeu que, na luta da vida, é preciso estar firme no combate em todas as frentes.

Esta é a lembrança mais amarga que o lutador João Cláudio guarda no peito. Mas as outras memórias são positivas. A luta atravessa sua vida inteira, desde os primeiros passos, na casa dos tios, com o quimono cobrindo o corpo do bebê, até os dias atuais. Tem um orgulho enorme de ser da terceira geração de jiu-jítsu da família Nascimento. Participa de competições desde que era infantil, passando pelo juvenil, até chegar à categoria adulta. Costumava ir longe nos campeonatos, venceu vários deles – por isso a derrota de Petrópolis o marcou tanto.

Em alguns períodos, abandonou o tatame. Mas sempre retornou quando precisou de uma atividade que o deixasse mais centrado – e tem a certeza de que foi o esporte que o afastou das experiências ruins da adolescência em São Gonçalo. Recentemente incorporou um detalhe extra ao quimono: a inscrição Chaparral, em letras grandes, adorna sua faixa – e a esta altura já sabemos bem seu significado.

Desde 2016, treina regularmente. Seu professor é Rodolpho Polidoro, que já foi o técnico de Jéssica "Bate-Estaca", campeã no UFC. Era um homem sem fé, mas, depois que conheceu João, passou a frequentar as missas e hoje até presta serviços voluntários na igreja, ajudando na cozinha. Eles se encontram ao menos três vezes por semana e treinam no tatame que o padre mantém na varanda de casa. A primeira atividade é o aquecimento; em seguida, relembram algumas posições de jiu-jítsu; e depois lutam pra valer.

Padre João é faixa roxa – graduação alta, depois dela vêm a marrom e a preta. Seu grande trunfo é a dedicação e persegue os objetivos sem descanso. O ponto fraco, que vem sendo trabalhado à exaustão nos treinos, é a atuação na posição de guardeiro (quando o lutador está jogando por baixo na luta).

A faixa marrom é o próximo objetivo, planejado para meados de 2019. Mas, antes disso, deve disputar algumas competições com a roxa. Quando luta com desconhecidos, evita falar que é padre, para não influenciar o adversário. Depois do combate, quando descobrem sua atividade religiosa, a surpresa é grande. Mas logo a turma se acostuma, e hoje ele é visto como um lutador comum nas academias que frequenta.

– A luta nos ensina muitas coisas. Em primeiro lugar, que não se deve fugir quando se está por baixo. O jiu-jítsu começa onde as outras lutas terminam, onde ninguém quer estar: no chão. É ali que se inicia a batalha. E quem está por baixo às vezes ganha. Muitas vezes o lutador está no chão, sendo amassado, maltratado, sufocado. Em um instante, ele é capaz de achar uma frestinha, coloca um dedo; depois vê outra, ganha uma mão. E aí consegue espaço para respirar, empurra o adversário e vira o jogo. Se a gente levar esse ensinamento para a vida, tem muito a aprender – diz João Cláudio, que faz uma analogia do jiu-jítsu com sua atividade religiosa: – O fundamental na luta é ter determinação, foco, técnica para virar o jogo. E eu vejo a missa de São Miguel como uma técnica para os fiéis virarem o jogo de suas vidas. Mesmo que estejam por baixo, no chão, sufocados...

O padre fez um curso de exorcismo no Vaticano

24
EXORCISMOS

Uma mulher grávida, com idade em torno dos 20 anos, está sentada numa cadeira. Rosária tem o rosto pálido, fundas olheiras, semblante confuso. Padre Lucas percebe que o diabo está trabalhando dentro e através dela, e faz um teste de possessão. Os olhos de Rosária se reviram, as mãos grudam na cadeira como garras. O celular do padre toca e ele vai atender, interrompendo o ritual. Rosária sorri maliciosamente, como se tivesse responsabilidade naquilo. O seminarista que acompanha o padre percebe e continua a oração. Rosária começa a se debater, dizendo palavras ininteligíveis. Padre Lucas volta, coloca as mãos em sua cabeça e retoma a reza. Grita: *"Demônio, diga seu nome! Trema diante do Senhor! Somos fortes com a força do Espírito Santo!"*. Rosária se lança ao chão e se debate, berrando com voz grave. Ele joga água benta nela. A barriga grávida de Rosária se mexe sem parar, dá pulos. Ela se levanta e ataca o seminarista, enforcando seu pescoço com as mãos. O religioso consegue se desvencilhar e joga a moça no chão. Rosária, já sem forças, se ajoelha e começa a tossir sangue. *"Fora daqui, espíritos do demônio e da escuridão!"*, grita Padre Lucas. Ela tosse sem parar. Em seguida, cospe um prego enorme. Cospe o segundo. O terceiro. Os três grandes pregos repousam no chão, em cima da poça de sangue. Rosária se acalma, desmaia. Padre Lucas festeja: o diabo foi expulso.

A cena acima é do filme "O ritual" (2011), estrelado por Anthony

Hopkins, que interpreta o Padre Lucas. Na trama, baseada em uma história real, o seminarista Michael (Colin O'Donoghue) é enviado para um curso de exorcismo no Vaticano, onde põe à prova sua fé.

Padre João Cláudio viu o filme no cinema com uma sensação de familiaridade. Afinal, ele participou do mesmo curso que o seminarista Michael frequenta na trama. A única diferença é que nunca testemunhou ninguém cuspindo pregos. Mas, nas sessões a que assistiu, já presenciou uma moça subir na parede como se fosse uma aranha e outra vomitar alimentos ingeridos há anos.

As aulas do curso feito em abril de 2016 por João Cláudio, em Roma, foram ministradas em parceria com a Associação Internacional de Exorcistas, uma entidade reconhecida formalmente pelo Vaticano. Lá, os alunos aprendem a diferença básica entre uma oração de libertação e um exorcismo. O exorcismo só pode ser feito por bispos (ou por padres autorizados por eles) e consiste numa ordem de expulsão dada diretamente ao demônio. Já a oração de libertação pode ser feita por qualquer pessoa que vai pedir a Deus que afaste o diabo.

Para se fazer um ritual de exorcismo, primeiro é preciso identificar que nível de forças do mal estão atuando sobre a vítima. Elas podem ser de vários tipos:

– **Tentação**: a ação mais comum, quando o diabo põe à prova as convicções da pessoa para testar suas qualidades;

– **Infestação**: a perturbação dos sentidos de alguém (visão, audição, tato), ou de seu psicológico (ideias fixas, amarguras, desregramentos), sem impedir o uso de sua inteligência e de suas vontades;

– **Possessão**: neste caso, o demônio está presente no corpo e tem poder sobre ele, deixando o indivíduo totalmente à mercê de suas ações, sem forças para se libertar.

O exorcismo atua em casos de possessão, quando é necessária uma força externa para expulsar o demônio. Por muito tempo, foi um expediente deixado em segundo plano pela Igreja Católica. Mas ganhou força nas últimas décadas, e hoje a orientação do Vaticano é que todas as dioceses do mundo tenham padres treinados para o exorcismo.

João Cláudio não é um desses padres. Embora tenha feito o curso no Vaticano e seja grande estudioso do assunto, é preciso que ele receba a autorização do bispo para professar tais rituais. Sua aproximação do tema se deu por intermédio de São Miguel, que costuma ser invocado nos exorcismos por ser o arcanjo que expulsa Lúcifer, aquele que anuncia a luta do bem contra o mal nas Escrituras.

Quando inaugurou a missa em louvor a São Miguel, Padre João resolveu abrir a liturgia com a oração do arcanjo. Por ser uma prece forte, usada nos rituais de exorcismo, teve que pedir uma autorização especial ao então arcebispo de Niterói, Dom Alano Maria Pena, que concedeu a permissão.

A Oração a São Miguel (ver na página 137) foi criada no século 19 pelo Papa Leão XIII, que teve um sonho com o arcanjo derrotando Satanás. A partir daí, passou a ser comum nos rituais de exorcismo. Padre João explica que, em sua missa, a prece não é usada com esse sentido, mas como uma invocação a Miguel.

Pela ligação entre os temas, João diz ter uma preocupação constante para que a celebração não se torne um "espetáculo" de expulsão do demônio, como se vê em outros templos. Certa vez, durante uma missa na Igreja Nossa Senhora de Fátima, começou a ouvir gritos vindos da sacristia, como se alguém estivesse possuído. Em vez de interromper a liturgia, seguiu em frente, e só atendeu à mulher mais tarde. Sabia que a possessão queria assustar as pessoas e, justamente por entender isso, não tinha medo. *"Não posso interromper a oração, porque é isso que o diabo quer"*, pensou.

Padre João já presenciou vários rituais de exorcismo. Os primeiros foram em sua passagem pela Canção Nova, com Padre Rufus Pereira, sacerdote indiano que foi vice-presidente da Associação Internacional de Exorcistas. No curso que fez no Vaticano, teve o privilégio de ver em ação o padre italiano Gabriele Amorth, maior especialista do mundo no assunto, autor de "Um exorcista conta-nos", o grande livro de cabeceira de quem se interessa pelo tema.

João Cláudio conta ter entendido, com essas experiências, que o que se vê num indivíduo possuído é apenas o sintoma, e que o papel do religioso é tentar chegar à cura.

– Há quatro brechas para a entrada do mal, quatro grandes bloqueios: o sentimento de rejeição, a culpa, o complexo de inferioridade e os medos. Eles deixam a sua fé fraca, a pessoa fica frágil espiritualmente, e mais suscetível às interferências do capeta. Mas isso não é ruim. É algo bom, porque a gente percebe os sintomas e identifica que há uma doença ali. E vamos buscar qual é a inflamação com que temos que lidar. O pior mal que o demônio causa não é no barulho, e sim no silêncio – explica João: – Aliás, o demônio nos oferece dois grandes perigos: a gente achar que ele não existe ou achar que ele está em todos os lugares. O trabalho do exorcista é justamente identificar onde ele aparece de verdade.

Padre João apresenta seu programa de rádio sobre Odetinha

25

CAUSA DOS SANTOS

Dentro de um grande auditório no interior de São Paulo, médicos cumprimentam padres, advogados sentam ao lado de historiadores, peritos dividem espaço com teólogos. Todos ouvem com atenção as palavras de Dom Roberto Lopes, ex-abade do Mosteiro de São Bento. Enquanto apreendem os ensinamentos do vigário episcopal, uma frase martela boa parte daquelas cabeças: *"O Brasil precisa de santos, de muitos santos!"*, proferida no discurso de João Paulo II em Florianópolis, em 18 de outubro de 1991.

Esse é o objetivo que une as dezenas de presentes no Primeiro Encontro Nacional de Postuladores da Causa dos Santos, realizado em fevereiro de 2012. O grupo é formado por leigos e religiosos, cada um colocando sua especialidade a serviço da busca por novos candidatos à canonização no Vaticano. Mesmo sendo considerada a maior nação católica do mundo (a Igreja estima que haja 172 milhões de batizados no país), o primeiro santo nascido em solo brasileiro só foi reconhecido em 2007: Frei Galvão.

Um dos mais atentos espectadores na plateia do encontro era Padre João Cláudio. Ele foi convidado para participar do evento poucos dias antes, e ainda digeria a notícia. No peito, uma mistura da euforia por fazer parte de um time tão seleto, da tensão por assumir tamanha responsabilidade e da ânsia de aprender as novas tarefas. Ele teve trabalho para domar as emoções e se concentrar nas palestras. Mas aí voltou à tona aquele rapaz estudioso, que devora os livros com prazer e cumpre seus deveres com perfeição.

O convite partiu de Dom Roberto Lopes, o delegado para a Causa dos Santos da Arquidiocese do Rio de Janeiro, que viu em João, mestrando em Direito Canônico, o nome ideal para liderar a comissão histórica. O rapaz mergulhou tão fundo na missão que resolveu largar o mestrado para iniciar uma faculdade de História. O Encontro Nacional de Postuladores foi um de seus primeiros compromissos na nova função. Em seguida, recebeu seu maior desafio: pesquisar a vida de Odette Vidal Cardoso, a Odetinha, para apresentá-la ao Vaticano como candidata à santidade.

Odetinha foi uma menina que viveu nos anos 30 do século passado, em Botafogo, Zona Sul do Rio de Janeiro. A família tinha dinheiro, mas ela levava uma vida dedicada à caridade, doando pertences a órfãos e mendigos, e fazendo questão de conviver com os mais pobres. Muito devota a Deus, tinha na humildade e na compaixão suas características mais marcantes. Comia na mesa com os motoristas e as empregadas da casa, e chamava os filhos deles para dormir em sua cama e usar suas roupas. Morreu com apenas 9 anos, em 1939, e foi enterrada no Cemitério de São João Batista – até hoje, seu túmulo é um dos mais visitados, rivalizando com os de personalidades como Carmen Miranda, Tom Jobim, Santos Dumont e Clara Nunes.

Padre João Cláudio passou quatro anos dedicado a pesquisar a vida de Odetinha. O trabalho começa do mais básico (provar que a pessoa existiu) e evolui até questões complexas (comprovar seus milagres). Neste processo, são feitos interrogatórios com testemunhas, pesquisas de campo, análises de documentação e até exumações de cadáver. E tudo ocorre no mais profundo sigilo. Nesse resgate "arqueológico" da trajetória da menina, o padre encontrou alguns objetos significativos que guarda em casa até hoje: joias, um pedaço original do lacinho de fita que prendia seus cabelos, dois dentes e a carteirinha do Colégio Sion, onde estudou.

O percurso até transformar alguém em santo é longo. Quando o processo de canonização é aberto e são autorizadas as pesquisas, a pessoa recebe o título de "servo de Deus". Isso significa que ela está apta a ser investigada pela Congregação da Causa dos Santos.

Depois de uma extensa pesquisa, avalia-se a vida do candidato, além de sua fama de santidade. Caso não haja dúvidas sobre as virtudes ou sobre o martírio, ele é elevado a "venerável". A partir daí, não se analisa mais como aquela pessoa viveu – o que importa agora são seus milagres. A próxima categoria é a de "beato", outorgada em geral após a comprovação de um milagre. Em seguida, o Papa pode alçar o pretendente ao último estágio desse processo, o de "santo".

Odetinha, neste momento, está na categoria "serva de Deus". A Arquidiocese do Rio acredita que em breve receberá boas notícias do Vaticano nesse caso, com a aceitação de sua vida de virtudes e a promoção a "venerável". Padre João Cláudio confia no sucesso da empreitada. Ele se envolveu tanto com a história da menina que lançou um livro sobre ela, "Lírio de caridade em missão" (editado pela Imprensa Oficial do Estado do Rio de Janeiro), e tem um programa fixo na Rádio Catedral, "Rezando com Odetinha", que vai ao ar aos nas noites de domingo. Na atração, relembra os ensinamentos da menina, conta como anda o processo de beatificação e reza o "Tercinho do amor", que era como ela costumava fazer o rosário:

– Nas contas pequenas: *"Meu Jesus, eu vos amo!"*;

– Nas contas grandes: *"Quero passar meu céu fazendo bem à terra"*;

– Nas três últimas contas: *"Meu Jesus, abençoai-me, santificai-me, enchei o meu coração de vosso amor"*.

Além do "Tercinho do amor", Odetinha também tem uma oração criada em sua homenagem:

Ó querido Jesus, que escolhestes as criancinhas, curando-as e as aben-

çoando, demonstrando particular predileção por elas, que Vos louvam com um louvor perfeito e revelando, assim, o Reino de Deus aos menos favorecidos da sociedade, aos simples e aos humildes.

Olhai com carinho nosso pedido, pelos méritos infinitos de Vosso Santíssimo Coração e do Coração Imaculado da Santíssima Virgem que, se for para a Vossa maior Glória e o bem de nossas almas, Vos digneis glorificar, diante de toda a Igreja, a menina Odette Vidal Cardoso (Odetinha), lírio de pureza e caridade da Igreja Particular de São Sebastião do Rio de Janeiro e exemplo de vida para o povo de Deus.

Unidos em Comunhão eucarística e guiados pela doçura do Espírito Santo, concedei-nos, por sua intercessão, a graça que Vos pedimos. Amém.

O encontro com o Papa Francisco em Roma: quebra de protocolo

26

FRANCISCO, A SALVAÇÃO DA FÉ

Dia 20 de novembro de 2016, Cidade do Vaticano. O Papa Francisco fecha a Porta Santa da Basílica de São Pedro, simbolizando o encerramento do Ano Jubilar da Misericórdia. Em seguida, preside a Santa Missa na Solenidade de Cristo Rei do Universo, concelebrando com os novos cardeais, empossados no Consistório do dia anterior – entre eles havia um brasileiro, o arcebispo de Brasília, Dom Sérgio da Rocha. Padre João Cláudio estava assistindo à cerimônia eucarística, numa manhã de sol na Praça de São Pedro. Essa missa se deu durante a visita que ele fez para se despedir de Roma, acreditando que estava com a doença terminal. Um padre português tinha convites para a celebração do domingo pela manhã, e lá foram João e seus amigos.

O grupo se sentou na parte de trás da plateia, bem afastado do altar. Quando a missa terminou, João chamou um amigo para irem mais à frente, perto da imagem de Nossa Senhora de Misericórdia, onde poderiam tirar algumas fotos. Os dois chegaram lá e começaram a rezar diante da santa. Em determinado momento, João recebeu uma cutucada: *"Olha quem está ali! Vai ali perto, vai ali perto!"*. João, que estava rezando, abriu os olhos e se virou para a direção indicada pelo amigo. Viu o Papa Francisco a poucos metros, cumprimentando religiosos de todas as partes do mundo. Nesse instante, o que mais lhe chamou a atenção foi que, emoldurando a figura do Papa, estavam os dois enormes tapetes que decoravam a sacada da Basílica naquela solenidade: São José e São Miguel – exatamente as duas imagens que adornam as laterais do altar de sua igreja, em Niterói.

João então se encaminhou na direção do Papa, na fila de integrantes do clero que queriam cumprimentá-lo. Em poucos instantes, estava frente a frente com o Sumo Pontífice. Nervoso, nem pensou na língua que ia usar para se comunicar. Falou em português mesmo:

– *Santo Padre, muito obrigado! Sua fé salvou a minha vocação!*

Francisco respondeu, também usando o idioma luso:

– *Eu estava mesmo precisando ouvir isso hoje. Obrigado, meu filho. Reze por mim!*

João finalizou:

– *Eu que agradeço!*

Os dois encerraram o breve diálogo com um abraço forte, que durou alguns segundos, suficientemente demorado para que algumas pessoas em volta começassem a se impacientar. Diante da emoção do momento, os protocolos de cumprimento ao Papa foram todos quebrados: aos prantos, João passou a mão no rosto de Francisco, mexeu em seu anel, estava eufórico. Ao final, antes de sair, disse suas últimas palavras ao Pontífice:

– *Continue suas reformas. Vai valer a pena!*

Um encontro desses com o Papa já seria emocionante para qualquer um. Imagine para um religioso que acreditava estar vivendo seus últimos instantes na Terra. O abraço ganhou tom de despedida – mais uma das que João Cláudio experimentou ao longo daqueles meses de desespero.

Mais do que isso, o encontro com o Papa Francisco teve um significado especial. Afinal, sua atuação na Igreja Católica sempre se caracterizou pela modernidade, por uma relação com o mundo exterior que não é comum a boa parte do clero. E foi o papado do argentino que reforçou no coração de João a convicção de que sua visão particular sobre a religião fazia sentido.

Desde que assumiu como 266º Papa da Igreja, o cardeal Jorge Mario

Bergoglio vem quebrando barreiras. Não só por ter sido o primeiro Pontífice da América Latina e do Hemisfério Sul, o primeiro não europeu em mais de 1.200 anos, o primeiro jesuíta a ocupar o posto, o primeiro a usar o nome Francisco... Ou por ter substituído Bento XVI, o primeiro Papa a renunciar em 600 anos. Mas especialmente por marcar sua atuação enfrentando assuntos espinhosos para o Vaticano, como justiça social, homossexualidade e divórcio.

Além disso, é um Papa que está avançando nos termos do Concílio Vaticano II, que sofreram uma desaceleração nos papados de Bento XVI e João Paulo II. O Vaticano II foi um encontro de autoridades eclesiais realizado nos anos 60 para discutir os regulamentos da Igreja Católica, que perdia fiéis em todo o mundo. Foi a partir dali que a missa deixou de ser rezada em latim e os sacerdotes receberam autorização para celebrar a eucaristia de frente para o público. Além dessas mudanças, foram várias as recomendações para que a liturgia católica atingisse mais devotos e se tornasse adequada a seu tempo, sempre dentro das palavras do Evangelho. Nem tudo foi colocado em prática. Mas, nos últimos anos, o Papa Francisco parece determinado a acelerar as mudanças. Para Padre João, essa é a direção que a Igreja deve seguir.

– Antes de tudo, nossa obra aqui é humana. Temos que resgatar a cultura da solidariedade, olhar para as pessoas que estão frequentando nossas igrejas. A preocupação de Jesus não era com a prática religiosa, mas sim com a prática do divino através das pessoas. A ocupação não deve ser só ritual, mas existencial. A minha visão da Igreja é aquela que dialoga com o mundo, não se fecha dentro de si. Nossa postura não pode ser a de donos da verdade, mas a de operários da verdade – diz Padre João, para quem a principal palavra ao lidar com os fiéis deve ser o acolhimento: – Quando uma pessoa pratica um pecado grave e vem sentar diante de mim para contar, ela já se culpou. Papa Francisco disse: "Quem sou eu para te julgar?". Eu não estou ali para julgá-la, mas para ajudá-la a suportar o fardo pesado que ela carrega dentro de si.

O acompanhamento do papado de Francisco coincidiu com o período do crescimento da missa de São Miguel na paróquia de Nossa Senhora de Fátima e com a revolução na vida de Padre João – primeiro, a cirurgia no estômago que o fez se encontrar espiritualmente; depois, a suposta doença terminal que transformou seu estilo de vida. As notícias que vinham de Roma só aumentaram o vigor do padre em continuar seguindo seu coração. Foram a resposta que ele precisava para a perspectiva humana que sempre procurou empregar em seu sacerdócio.

Com seus ensinamentos, Francisco salvou a fé desse sacerdote em sua incessante busca pela compreensão da alma humana, pois sabe que só assim pode acalmar as dores de seus fiéis. As milhares de pessoas que são atraídas para a igreja do Bairro de Fátima todos os meses, no dia 29, já experimentaram um pouco desse remédio.

O inesperado encontro que teve com Papa Francisco no Vaticano, em 2016, foi em clima de despedida. Padre João Cláudio chorava copiosamente, porque via aquele como um dos últimos atos de sua vida. A cortina ia fechar, o pano cair, o show estava terminando. Mas nossa passagem por esse mundo tem dessas coisas: ela nos prega peças, e nos faz repensar nossas certezas a cada instante. O abraço de despedida significou renascimento. As luzes se acenderam novamente. O palco se iluminou. Era apenas o início da jornada de João Cláudio. E agora ele tinha a certeza de que estava trilhando o caminho certo.

SÃO MIGUEL: HISTÓRIA, PASSAGENS E ORAÇÕES

A HISTÓRIA DE SÃO MIGUEL

Os anjos são seres celestes cuja função é proteger e fazer anúncios aos habitantes da Terra. Quando eles são portadores de notícias grandiosas, ganham outra denominação: arcanjos. São três os arcanjos nominados nas Escrituras, aqueles colocados no mais alto coro dos santos anjos e conhecedores profundos dos mistérios de Deus: Miguel, Rafael e Gabriel. Os grandes feitos são anunciados por Miguel (cujo nome significa "Quem é como Deus?"); para anunciar à Virgem Maria que ela seria a mãe de Jesus, foi enviado Gabriel ("Força de Deus"); enquanto Rafael ("Deus cura") veio para tocar nos olhos de Tobias e anunciar sua recuperação.

Miguel é sempre descrito como o arcanjo que reivindica os direitos inalienáveis de Deus, um dos príncipes do céu, o protetor de Israel. É quem sustenta a Igreja em sua luta para a defesa e a difusão do Reino de Deus sobre a Terra: afasta as iniquidades seculares, ajuda os fiéis a resistirem ao diabo.

Desde os primórdios da Igreja, Miguel é venerado como guarda e protetor da família divina em sua peregrinação, padroeiro dos agonizantes e aquele que leva as almas desse mundo para o julgamento no trono de Deus. É o chefe supremo do exército divino, combatendo as forças do mal com sua espada e nos defendendo com seu escudo. Por isso sempre foi cultuado ao redor do mundo com especial fervor, com referências inclusive em outras religiões, como as testemunhas de Jeová, os adventistas, os mórmons, o judaísmo, o islamismo e as de matriz africana.

É considerado o padroeiro da Igreja Católica e também de atividades ligadas à segurança, como fuzileiros, policiais, paraquedistas e marinheiros, além de radiologistas e padeiros. Santos como São Francisco de Assis e Joana D'Arc dedicaram devoção a Miguel. Cidades como Kiev, na Rússia, e São Miguel Arcanjo, no interior de São Paulo, também o têm como padroeiro. Inúmeros templos ao redor do mundo são dedicados a ele. Dois se destacam (ambos considerados patrimônios mundiais pela Unesco): o Santuário do Monte de São Miguel Arcanjo, em Monte Gargano, na Itália; e o Monte Saint-Michel, na Normandia, na França.

Em 2013, foi inaugurada nos Jardins do Vaticano uma estátua do arcanjo São Miguel, que também é padroeiro do Estado da Cidade do Vaticano. A cerimônia foi comandada pelo Papa Francisco, mas a iniciativa da construção do monumento é do papado de Bento XVI. As palavras de Francisco naquele 5 de julho de 2013 dão a exata dimensão da importância de Miguel:

"Nos Jardins do Vaticano existem diversas obras artísticas; mas esta, que hoje se acrescenta, assume um lugar de particular relevo, quer pela sua colocação, quer pelo significado que exprime. Com efeito, não é apenas uma obra celebrativa, mas um convite à reflexão e à oração, que se insere oportunamente no 'Ano da fé'. Miguel – que significa "Quem é como Deus?" – é o campeão do primado de Deus, da sua transcendência e do seu poder. Miguel luta para restabelecer a justiça divina; defende o Povo de Deus dos seus inimigos e sobretudo do inimigo por excelência, o diabo. E São Miguel vence, porque nele é Deus que age. Então, esta escultura recorda-nos que o mal é vencido, o acusador desmascarado e a sua cabeça esmagada, porque a salvação se realizou de uma vez para sempre no sangue de Cristo. Embora o diabo tente sempre ferir o rosto do Ancanjo e a face do homem, Deus é mais forte; a vitória é sua, e a sua

salvação é oferecida a cada homem. No caminho e nas provações da vida não estamos sozinhos, mas somos acompanhados e amparados pelos Anjos de Deus, que oferecem, por assim dizer, as suas asas para nos ajudar a superar muitos perigos, para podermos voar alto em relação àquelas realidades que podem pesar sobre a nossa vida ou arrastar-nos para baixo. Ao consagrar o Estado da Cidade do Vaticano ao Arcanjo São Miguel, peçamos-lhe que nos defenda do Maligno e que o afaste."

SÃO MIGUEL NA BÍBLIA

Daniel 10,13

"Porém o príncipe do reino da Pérsia resistiu-me durante 21 dias; porém veio em meu socorro Miguel, um dos primeiros príncipes, e eu fiquei lá junto do rei dos persas."

Daniel 10,22

"Contra esses adversários não há ninguém que me ajude a não ser Miguel, vosso príncipe."

Daniel 12,1

"Naquele tempo surgirá o grande príncipe Miguel, o protetor dos filhos do vosso povo."

Apocalipse 12,7

"Houve no céu uma grande batalha. Miguel e seus anjos pelejavam contra o dragão."

Carta de São Judas 1,9

"Ora, quando o arcanjo Miguel discutia com o demônio e lhe disputava o corpo de Moisés, não ousou fulminar contra ele uma sentença de execração."

COMO REZAR PARA SÃO MIGUEL ARCANJO

1. ORAÇÃO AOS SANTOS ARCANJOS

Ajudai-nos, ó grandes santos irmãos nossos, que sois servos, como nós, diante de Deus. Defendei-nos de nós mesmos, da nossa covardia e tibieza, de nosso egoísmo e de nossa ambição, de nossa inveja e desconfiança, de nossa avidez em procurar a saciedade, a boa vida e a estima.

Desatai as algemas do pecado e do apego a tudo o que passa. Desvenda os nossos olhos que nós mesmos fechamos, para não precisarmos ver as necessidades de nosso próximo, e poder assim ocupar-nos de nós mesmos numa tranquila autocomplacência.

Colocai em nosso coração o espinho da santa ansiedade de Deus, para que não deixemos de procurá-lo com ardor, contrição e amor.

Contemplai em nós o Sangue do Senhor, que Ele derramou por nossa causa.

Contemplai em nós as lágrimas de Vossa Rainha, que ela derramou sobre nós.

Contemplai em nós a pobre, desbotada, arruinada imagem de Deus, comparando-a com a imagem íntegra que deveríamos ser por Sua vontade e Seu amor.

Ajudai-nos a conhecer a Deus, a adorá-Lo, a amá-Lo e a servi-Lo.

Ajudai-nos no combate contra os poderes das trevas que traiçoeiramente nos envolvem e nos afligem.

Ajudai-nos para que nenhum de nós se perca e para que um dia estejamos todos jubilosamente reunidos na eterna bem-aventurança. Amém.

São Miguel, assisti-nos com vossos Santos Anjos.
R. Ajudai-nos e rogai por nós.
São Rafael, assisti-nos com vossos Santos Anjos.
R. Ajudai-nos e rogai por nós.
São Gabriel, assisti-nos com vossos Santos Anjos
R. Ajudai-nos e rogai por nós.

2. ORAÇÃO A SÃO MIGUEL ARCANJO

São Miguel Arcanjo, defendei-nos no combate, sede o nosso refúgio contra as maldades e ciladas do demônio. Ordene-lhe Deus, instantemente o pedimos, e vós, príncipe da milícia celeste, pela virtude divina, precipitai no inferno a Satanás e aos outros espíritos malignos, que andam pelo mundo para perder as almas. Amém.

3. CONSAGRAÇÃO A SÃO MIGUEL ARCANJO

Ó, Príncipe nobilíssimo dos Anjos, valoroso guerreiro do Altíssimo, zeloso defensor da glória do Senhor, terror dos espíritos rebeldes, amor e delícia de todos os Anjos justos, meu diletíssimo Arcanjo São Miguel, desejando eu fazer parte do número dos vossos devotos e servos, a vós hoje me consagro, me dou e me ofereço e ponho-me a mim próprio, a minha família e tudo o que me pertence, debaixo da vossa poderosíssima proteção. É pequena a oferta do meu serviço, sendo como sou um miserável pecador, mas vós engrandecereis o afeto do meu coração; recordai-vos que de hoje em diante estou debaixo do vosso sustento e deveis assistir-me em toda a minha vida e obter-me o perdão dos meus muitos e graves pecados, a graça de amar a Deus de todo coração, ao meu querido Salvador Jesus Cristo e a minha Mãe Maria Santíssima, obtende-me aqueles auxílios que me são necessários para obter a coroa da eterna glória. Defendei-me dos inimigos da alma, especialmente na hora da morte. Vinde, ó príncipe gloriosíssimo, assistir-me na última luta e com a vossa arma poderosa lançai para longe, precipitando nos abismos do inferno, aquele anjo quebrador de promessas e soberbo que um dia prostrastes no combate no Céu.

São Miguel Arcanjo, defendei-nos no combate para que não pereçamos no supremo juízo.

4. QUARESMA DE SÃO MIGUEL ARCANJO

Período da quaresma: 15 de agosto a 29 de setembro (dia de São Miguel).

Providenciar um altar para São Miguel com uma imagem ou uma estampa.

Todos os dias:

– Acender uma vela benta.
– Oferecer uma penitência.
– Fazer o sinal-da-cruz.
– Rezar a oração inicial.
– Rezar a Ladainha de São Miguel

Oração inicial:

São Miguel Arcanjo, defendei-nos no combate, sede o nosso refúgio contra as maldades e ciladas do demônio. Ordene-lhe Deus, instantemente o pedimos, e vós, príncipe da milícia celeste, pela virtude divina, precipitai no inferno a Satanás e aos outros espíritos malignos, que andam pelo mundo para perder as almas. Amém.

Sacratíssimo Coração de Jesus! (três vezes)

5. ROSÁRIO A SÃO MIGUEL ARCANJO

V. Deus, vinde em nosso auxílio.
R. Senhor, socorrei-nos e salvai-nos.

V. Glória ao Pai e ao Filho e ao Espírito Santo.
R. Assim como era no princípio, agora e sempre. Amém.

Primeira saudação:
Saudamos o primeiro coro dos Anjos, pedindo pela intercessão de São Miguel Arcanjo e do coro celeste dos Serafins, para que o Senhor nos torne dignos de sermos abrasados de uma perfeita caridade. Amém.

Um Pai-Nosso, três Ave-Marias, Glória ao Pai.

Segunda saudação:
Saudamos o segundo coro dos Anjos, pedindo pela intercessão de São Miguel Arcanjo e do coro celeste dos Querubins para que o Senhor nos conceda a graça de fugirmos do pecado e procurarmos a perfeição cristã. Amém.

Um Pai-Nosso, três Ave-Marias, Glória ao Pai.

Terceira saudação:
Saudamos o terceiro coro dos Anjos, pedindo pela intercessão de São Miguel Arcanjo e do coro celeste dos Tronos, para que Deus derrame em nosso coração o espírito de verdadeira e sincera humildade. Amém.

Um Pai-Nosso, três Ave-Marias, Glória ao Pai.

Quarta saudação:
Saudamos o quarto coro dos Anjos, pedindo pela intercessão de São Miguel Arcanjo e do coro celeste das Dominações, para que o Senhor nos conceda a graça de dominar nossos sentidos e de nos corrigir das nossas más paixões. Amém.

Um Pai-Nosso, três Ave-Marias, Glória ao Pai.

Quinta saudação:
Saudamos o quinto coro dos Anjos, pedindo pela intercessão de São Miguel Arcanjo e do coro celeste das Potestades, para que o Senhor se digne proteger nossa alma contra as ciladas e as tentações do demônio. Amém.

Um Pai-Nosso, três Ave-Marias, Glória ao Pai.

Sexta saudação:
Saudamos o sexto coro dos Anjos, pedindo pela intercessão de São Miguel e do coro admirável das Virtudes, para que o Senhor não nos deixe cair em tentação, mas nos livre de todo mal. Amém.

Um Pai-Nosso, três Ave-Marias, Glória ao Pai.

Sétima saudação:
Saudamos o sétimo coro dos Anjos, pedindo pela intercessão de São Miguel Arcanjo e do coro dos Principados, para que o Senhor encha nossa alma do espírito de uma verdadeira e sincera obediência. Amém.

Um Pai-Nosso, três Ave-Marias, Glória ao Pai.

Oitava saudação:
Saudamos o oitavo coro dos Anjos, pedindo pela intercessão de São

Miguel Arcanjo e do coro celeste dos Arcanjos, para que o Senhor nos conceda o dom da perseverança na fé e nas boas obras, a fim de que possamos chegar a possuir a glória eterna do paraíso. Amém.

Um Pai-Nosso, três Ave-Marias, Glória ao Pai.

Nona saudação:
Saudamos o nono coro dos Anjos, pedindo pela intercessão de São Miguel Arcanjo e do coro celeste de todos os Anjos, para que sejamos guardados por eles nesta vida mortal, para sermos conduzidos por eles à glória eterna do céu. Amém.

Um Pai-Nosso, três Ave-Marias, Glória ao Pai.

Reza-se no fim:
Um Pai-Nosso em honra de São Miguel Arcanjo.
Um Pai-Nosso em honra de São Gabriel Arcanjo.
Um Pai-Nosso em honra de São Rafael Arcanjo.
Um Pai-Nosso em honra ao nosso Anjo da Guarda.

Antífona:
Gloriosíssimo São Miguel, chefe e príncipe dos exércitos celestes, fiel guardião das almas, vencedor dos espíritos rebeldes, amado da casa de Deus, nosso admirável guia depois de Cristo, vós cuja excelência e virtude são eminentíssimas, dignai-Vos livrar-nos de todos os males, nós todos que recorremos a vós com confiança, e fazei, pela vossa incomparável proteção, que adiantemos cada dia mais na fidelidade e perseverança em servir a Deus.

Rogai por nós, ó bem-aventurado São Miguel, príncipe da Igreja de Cristo.

R. Para que sejamos dignos de Suas promessas.

Oremos:

Deus todo-poderoso e eterno, que, por um prodígio de bondade e misericórdia para a salvação dos homens escolhestes para príncipe de Vossa Igreja o gloriosíssimo São Miguel Arcanjo, tornai-nos dignos, nós vo-lo pedimos, de sermos preservados de todos os nossos inimigos, a fim de que na hora de nossa morte nenhum deles nos possa inquietar, mas que nos seja dado sermos introduzidos por ele na presença da Vossa poderosa e augusta Majestade, pelos merecimentos de Jesus Cristo, Nosso Senhor. Amém.

6. LADAINHA DE SÃO MIGUEL ARCANJO

Senhor, tende piedade de nós.
Jesus Cristo, tende piedade de nós.
Senhor, tende piedade de nós.
Jesus Cristo, ouvi-nos.
Jesus Cristo, atendei-nos.

Pai Celeste, que sois Deus, tende piedade de nós.
Filho, Redentor do Mundo, que sois Deus, tende piedade de nós.
Espírito Santo, que sois Deus, tende piedade de nós.
Trindade Santa, que sois um único Deus, tende piedade de nós.
Santa Maria, Rainha dos Anjos, rogai por nós.

São Miguel, rogai por nós.
São Miguel, cheio da graça de Deus, rogai por nós.
São Miguel, perfeito adorador do Verbo Divino, rogai por nós.
São Miguel, coroado de honra e de glória, rogai por nós.

São Miguel, poderosíssimo Príncipe dos exércitos do Senhor, rogai por nós.

São Miguel, porta-estandarte da Santíssima Trindade, rogai por nós.

São Miguel, guardião do Paraíso, rogai por nós.

São Miguel, guia e consolador do povo israelita, rogai por nós.

São Miguel, esplendor e fortaleza da Igreja militante, rogai por nós.

São Miguel, honra e alegria da Igreja triunfante, rogai por nós.

São Miguel, Luz dos Anjos, rogai por nós.

São Miguel, baluarte dos Cristãos, rogai por nós.

São Miguel, força daqueles que combatem pelo estandarte da Cruz, rogai por nós.

São Miguel, luz e confiança das almas no último momento da vida, rogai por nós.

São Miguel, socorro muito certo, rogai por nós.

São Miguel, nosso auxílio em todas as adversidades, rogai por nós.

São Miguel, arauto da sentença eterna, rogai por nós.

São Miguel, consolador das almas que estão no Purgatório, rogai por nós.

São Miguel, a quem o Senhor incumbiu de receber as almas que estão no Purgatório, rogai por nós.

São Miguel, nosso Príncipe, rogai por nós.

São Miguel, nosso Advogado, rogai por nós.

Cordeiro de Deus, que tirais o pecado do mundo, perdoai-nos, Senhor.

Cordeiro de Deus, que tirais o pecado do mundo, atendei-nos, Senhor.

Cordeiro de Deus, que tirais o pecado do mundo, tende piedade de nós.

Rogai por nós, ó glorioso São Miguel Arcanjo, Príncipe da Igreja de Cristo, para que sejamos dignos de Suas promessas. Amém.

Oração

Senhor Jesus, santificai-nos, por uma bênção sempre nova, e concedei-nos, pela intercessão de São Miguel Arcanjo, esta sabedoria que nos ensina a ajuntar riquezas do Céu e a trocar os bens do tempo pelos da eternidade. Vós que viveis e reinais em todos os séculos dos séculos. Amém.

7. LADAINHA DOS SANTOS ANJOS

Senhor, tende piedade de nós.
Cristo, tende piedade de nós.
Senhor, tende piedade de nós.
Jesus Cristo, ouvi-nos.
Jesus Cristo, atendei-nos.
Deus Pai, Criador dos Anjos, tende piedade de nós.
Deus Filho, Senhor dos Anjos, tende piedade de nós.
Deus Espírito Santo, vida dos Anjos, tende piedade de nós.
Santíssima Trindade, alegria de todos os Anjos, tende piedade de nós.
Santa Maria, rogai por nós.
Rainha dos Anjos, rogai por nós.

Todos os Coros dos Espíritos Celestes, rogai por nós.
Santos Serafins, Anjos do Amor, rogai por nós.
Santos Querubins, Anjos do Verbo, rogai por nós.
Santos Tronos, Anjos da Vida, rogai por nós.
Santos Anjos da Adoração, rogai por nós.
Santas Dominações, rogai por nós.
Santas Virtudes, rogai por nós.
Santas Potestades, rogai por nós.
Santos Principados, rogai por nós.
Santos Arcanjos, rogai por nós.
Santos Anjos, rogai por nós.

São Miguel Arcanjo, rogai por nós.
Vencedor de Lúcifer, rogai por nós.
Anjo da fé e da humildade, rogai por nós.
Anjo da Unção dos Enfermos, rogai por nós.
Anjo dos moribundos, rogai por nós.
Príncipe dos exércitos celestes, rogai por nós.
Companheiro das almas do Purgatório, rogai por nós.
São Gabriel Arcanjo, rogai por nós.
Anjo da Encarnação, rogai por nós.
Mensageiro fiel de Deus, rogai por nós.
Anjo da esperança e da paz, rogai por nós.
Protetor de todos os servos e servas de Deus, rogai por nós.
Guarda do Santo Batismo, rogai por nós.
Patrono dos sacerdotes, rogai por nós.
São Rafael Arcanjo, rogai por nós.
Anjo do Divino Amor, rogai por nós.
Dominador do Espírito, rogai por nós.
Anjo da cura e do alívio na dor, rogai por nós.
Auxiliador nos casos de necessidade, rogai por nós.
Patrono dos médicos, viajantes e peregrinos, rogai por nós.
Todos os Santos Arcanjos, rogai por nós.
Anjos do serviço perante o trono de Deus, rogai por nós.
Anjos do serviço prestado à humanidade, rogai por nós.
Santos Anjos de Guarda, rogai por nós.
Auxiliadores em nossas necessidades, rogai por nós.
Luz em nossas trevas, rogai por nós.
Amparo em todos os perigos, rogai por nós.
Admoestadores de nossas consciências, rogai por nós.
Intercessores perante o trono de Deus, rogai por nós.
Defensores contra o inimigo, rogai por nós.
Nossos guias seguros, rogai por nós.

Nossos mais fiéis amigos, rogai por nós.
Nossos prudentes conselheiros, rogai por nós.
Nossos modelos de obediência, rogai por nós.
Consolação no abandono, rogai por nós.
Espelho de humildade e pureza, rogai por nós.
Anjos das nossas famílias, rogai por nós.
Anjos dos nossos sacerdotes e curas de almas, rogai por nós.
Anjos das nossas crianças, rogai por nós.
Anjos da nossa terra e da nossa pátria, rogai por nós.
Anjos da Santa Igreja, rogai por nós.
Todos os Santos Anjos, rogai por nós.

Oremos

Concedei-nos, Senhor, o auxílio dos Vossos Anjos e Exércitos Celestes, a fim de que, por eles, sejamos preservados dos ataques de Satanás, e, pelo Precioso Sangue de Nosso Senhor Jesus Cristo e pela intercessão da Santíssima Virgem Maria, Rainha dos Anjos, libertos de todos os perigos, possamos servir-Vos em paz para sempre. Por Nosso Senhor Jesus Cristo, Vosso Filho que é Deus convosco na unidade do Espírito Santo. Amém.

8. CONSAGRAÇÃO DA FAMÍLIA A SÃO MIGUEL ARCANJO

Ó, grande Arcanjo São Miguel, príncipe e chefe das legiões angélicas, penetradas do sentimento de vossa grandeza, de vossa bondade e vosso poder, em presença da adorável Santíssima Trindade, da Virgem Maria e toda a corte celeste, eu (nome) e minha família vimos hoje nos consagrar a vós. (ou renovar neste dia a nossa consagração)

Queremos vos honrar e invocar fielmente. Recebei-nos sob vossa especial proteção e dignai-vos desde então velar sobre os nossos interesses espirituais e temporais.

Conservai entre nós a perfeita união do espírito, dos corações e do amor familiar. Defendei-nos contra o ataque inimigo, preservai-nos de todo mal e particularmente da desgraça de ofender a Deus gravemente.

Que por nossos cuidados, devotados e vigilantes cheguemos todos à felicidade eterna. Dignai-vos, grande São Miguel, reunir todos os membros de nossa família. Amém!

9. PEQUENA NOVENA A SÃO MIGUEL ARCANJO

Glorioso São Miguel Arcanjo, o primeiro entre os Anjos de Deus, guarda e protetor da Igreja Católica, lembrando de que Nosso Senhor vos confiou a missão de velar pelo seu povo, em marcha para a vida eterna, mas rodeado de tantos perigos e ciladas do dragão infernal, eis-me prostrado a vossos pés, para implorar confiantemente o vosso auxílio, pois não há necessidade alguma em que não possais valer. Sabeis a angústia por que passa a minha alma.

Ide junto a Maria, nossa Mãe muito amada, ide a Jesus e dizei-lhe uma palavra em meu favor, pois sei que eles nada vos podem recusar.

Intercedei pela salvação da minha alma e, também agora, por aquilo que tanto me preocupa.

(Dizer, como quem conversa, o que desejamos).

E se o que peço não é para glória de Deus e bem da minha alma, obtende-me paciência e que eu me conforme com a vontade divina, pois sabeis o que é mais do agrado de Nosso Senhor e Pai.

Em nome de Jesus, Maria e José, atendei-me. Amém.

Rezam-se nove Glórias em ação de graças por todos os dons concedidos por Deus a São Miguel e aos Nove Coros de Anjos.

10. NOVENA DE SÃO MIGUEL ARCANJO DO MONTE GARGANO

Fazer o sinal da cruz.

Ó! Deus, vinde em meu auxílio.

R. Senhor, apressai-Vos em me socorrer.

Rezar a oração do dia correspondente e as orações finais.

Primeira graça:
Nós vos pedimos, ó, São Miguel Arcanjo, em união com os santos Serafins, de acender em nossos corações o Santo Amor de Deus, e de nos dar o desprezo e o desgosto pelos falsos prazeres do mundo.

Rezar: Pai-Nosso, Ave-Maria e Glória ao Pai.

Segunda graça:
Nós vos pedimos humildemente, ó, Príncipe da Jerusalém Celeste, e Chefe dos Querubins, de vos lembrar de nós, sobretudo quando formos assaltados pelas sugestões do inimigo infernal.
Vitoriosos de Satanás, pelo nosso socorro, fazei de nós um sacrifício oferecido ao Senhor.

Rezar: Pai-Nosso, Ave-Maria e Glória ao Pai.

Terceira graça:
Nós vos suplicamos devotamente, ó, glorioso Campeão do Paraíso e Chefe dos tronos, de jamais permitir que nós, vossos fiéis, sejamos oprimidos pelos espíritos maus do inferno e pelas enfermidades.

Rezar: Pai-Nosso, Ave-Maria e Glória ao Pai.

Quarta graça:
Prostrados humildemente diante de vós, nós vos rogamos, ó, grande Ministro de Deus, em união com as Dominações, de defender a Cristandade, em todas as ocasiões, e em particular o Soberano Pontífice, aumentando sua felicidade, assim como as graças que lhe são concedidas nesta vida e a glória na outra.

Rezar: Pai-Nosso, Ave-Maria e Glória ao Pai.

Quinta graça:
Nós vos rogamos, ó, Santo Arcanjo, em união com as Virtudes, de livrar vossos servos das mãos de seus inimigos, conhecidos e desconhecidos, dos falsos testemunhos, das discórdias, de libertar a nossa Pátria e, em particular, nossa cidade da fome, das epidemias, da guerra, dos tumultos, terremotos e tempestades, que o dragão infernal tem o costume de suscitar para nos prejudicar.

Rezar: Pai-Nosso, Ave-Maria e Glória ao Pai.

Sexta graça:
Nós vos conjuramos, ó, Chefe das Milícias Angélicas, e vos rogamos juntamente com as Potestades, de prover às nossas necessidades, às de nossa cidade, dando fecundidade à terra, concórdia e paz aos chefes cristãos.

Rezar: Pai-Nosso, Ave-Maria e Glória ao Pai.

Sétima graça:
Nós vos pedimos, ó, Primaz dos Arcanjos, em união com os Prin-

cipados, de vos dignar nos livrar, a nós vossos servos, assim como o nosso país e a nossa cidade das enfermidades corporais e sobretudo espirituais.

Rezar: Pai-Nosso, Ave-Maria e Glória ao Pai.

Oitava graça:

Nós vos pedimos, ó, São Miguel, em união com o Coro dos Anjos, de cuidar de nós nesta vida e, no momento da morte, de nos assistir na hora da nossa agonia, sobretudo, no instante de entregar a alma, a fim de que, vencedores de Satanás, possamos usufruir convosco, da bondade Divina, no santo Paraíso.

Rezar: Pai-Nosso, Ave-Maria e Glória ao Pai.

Nona graça:

Enfim, nós vos rogamos, ó, glorioso Chefe, defensor da Igreja militante e triunfante, de vos dignar, juntamente com os Coros dos Anjos, de nos guardar e defender vossos fiéis, as nossas famílias e aqueles que se recomendaram às nossas orações, a fim de que, levando com o vosso socorro uma vida pura, possamos eternamente usufruir da contemplação de Deus, convosco e com todos os Santos Anjos.

Rezar: Pai-Nosso, Ave-Maria e Glória ao Pai.

São Miguel Arcanjo, defendei-nos no combate, para que não pereçamos no dia do Juízo.

Em seguida reza-se:
Um Pai-Nosso a São Miguel,
um Pai-Nosso a São Gabriel,

um Pai-Nosso a São Rafael e
um Pai-Nosso ao nosso Anjo da Guarda.

Oração:
Ó, Deus todo-poderoso e eterno, que para a salvação do gênero humano enviastes, milagrosamente, a Vossa Igreja o Vosso Gloriosíssimo Príncipe, o São Miguel Arcanjo, concedei-nos o seu socorro salutar e a sua ajuda eficaz contra todos os nossos inimigos, a fim de que, à nossa partida deste mundo, obtenhamos de comparecer à presença da Santa Majestade.

Por Jesus Cristo, nosso Senhor. Amém.

11. JACULATÓRIAS E ANTÍFONAS EM HONRAS DE SÃO MIGUEL ARCANJO

São Miguel Arcanjo, nosso intercessor junto de Jesus e Maria, vinde socorrer-nos em nossas enfermidades do corpo e da alma. Ó luminares radiosos do Céu, exército triunfante da corte celeste, assisti a Santa Igreja e dai-lhe vitória sobre todos os seus inimigos.

Ó coros admiráveis da hierarquia celeste, que servis a Deus no Céu e na Terra, oponde-vos ao mal e fazei com que o bem triunfe em todos os países da Terra.

São Miguel, conforto dos apóstolos de Cristo, obtende-nos alegria e constância na missão de levar o Evangelho às almas. São Miguel, amigo, protetor e mestre da virtude que santifica os vossos devotos, obtende-nos a graça da santidade.

Glorioso São Miguel Arcanjo, príncipe dos anjos, guarda da Santa Igreja, defensor das almas, rogo-vos, humildemente, que o vosso auxílio nos ampare, a vossa fortaleza nos defenda, a vossa virtude nos fortifique, para que, quando sairmos desta vida, sejamos defendidos por vós, do dragão infernal e de suas astúcias e apareçamos limpos de toda culpa perante a Divina Majestade. Amém.

Enquanto o Arcanjo São Miguel combatia com o dragão, ouviu-se a voz dos que diziam: Viva o nosso Deus, aleluia. Arcanjo Miguel, Deus vos constituiu príncipe de todas as almas que se devem salvar. Anjos do Senhor, bendizei o Senhor para sempre.

Anjos e arcanjos, tronos e dominações, principados, virtudes dos Céus, louvai o Senhor das alturas, aleluia. Enquanto João contemplava o sagrado mistério, o Arcanjo Miguel tocou a trombeta: Perdoai, Senhor e nosso Deus, Vós que abris o livro e lhe desatais os selos, aleluia. Cantarei, ó meu Deus, os vossos louvores na presença dos anjos.

Adorar-Vos-eis no Vosso templo e louvarei o Vosso nome. Gloriosíssimo príncipe, Miguel Arcanjo, lembrai-vos de nós. Aqui e em toda parte, rogai por nós ao Filho de Deus, aleluia, aleluia.

Agitou-se o mar e a terra tremeu, quando o Arcanjo Miguel desceu das alturas. Louvemos o Senhor, a quem os anjos louvam, os querubins e os serafins cantam: Santo, Santo, Santo! Deus Santo, os anjos vos louvam nas alturas, dizendo a uma só voz: "A Vós, Deus, o louvor"; São Miguel, um dos que estão mais próximos de Deus, acudiu em meu socorro.

12. SÚPLICA ARDENTE AOS SANTOS ANJOS

Deus Uno e Trino, Onipotente e Eterno! Antes de recorrermos aos vossos servos, os Santos Anjos, prostramo-nos na vossa presença e Vos adoramos: Pai, Filho e Espírito Santo.

R. Bendito e louvado sejais por toda a eternidade!

Deus Santo, Deus Forte, Deus Imortal: que todos os Anjos e homens, que por Vós foram criados, Vos adorem, Vos amem e permaneçam no vosso serviço!

E Vós, Maria, Rainha de todos os Anjos, aceitai benignamente as súplicas que dirigimos aos vossos servos; apresentai-as ao Altíssimo, Vós que sois a Medianeira de todas as graças e a onipotência suplicante, a fim de obtermos graça, salvação e auxílio.

R. Amém!

Poderosos Santos Anjos, que por Deus nos fostes concedidos para nossa proteção e auxílio, em nome da Santíssima Trindade, nós vos suplicamos:

R. Vinde depressa, socorrei-nos!

Nós vos suplicamos em nome do Preciosíssimo Sangue de Nosso Senhor Jesus Cristo:

R. Vinde depressa, socorrei-nos!

Nós vos suplicamos pelo poderosíssimo nome de Jesus:

R. Vinde depressa, socorrei-nos!

Nós vos suplicamos por todas as chagas de Nosso Senhor Jesus Cristo:

R. Vinde depressa, socorrei-nos!

Nós vos suplicamos por todos os martírios de Nosso Senhor Jesus Cristo:

R. Vinde depressa, socorrei-nos!

Nós vos suplicamos pela Palavra Santa de Deus:

R. Vinde depressa, socorrei-nos!

Nós vos suplicamos pelo Coração de Nosso Senhor Jesus Cristo:

R. Vinde depressa, socorrei-nos!

Nós vos suplicamos em nome do amor que Deus tem por nós pobres:

R. Vinde depressa, socorrei-nos!

Nós vos suplicamos em nome da fidelidade de Deus por nós pobres:

R. Vinde depressa, socorrei-nos!

Nós vos suplicamos em nome da misericórdia de Deus por nós pobres:

R. Vinde depressa, socorrei-nos!

Nós vos suplicamos em nome de Maria, Mãe de Deus e nossa Mãe:

R. Vinde depressa, socorrei-nos!

Nós vos suplicamos em nome de Maria, Rainha do Céu e da terra:

R. Vinde depressa, socorrei-nos!

Nós vos suplicamos em nome de Maria, vossa Rainha e Senhora:
R. Vinde depressa, socorrei-nos!
Nós vos suplicamos pela vossa própria bem-aventurança:
R. Vinde depressa, socorrei-nos!
Nós vos suplicamos pela vossa própria fidelidade:
R. Vinde depressa, socorrei-nos!
Nós vos suplicamos pela vossa luta na defesa do Reino de Deus:
R. Vinde depressa, socorrei-nos!
Nós vos suplicamos:
R. Protegei-nos com o vosso escudo!
Nós vos suplicamos:
R. Defendei-nos com a vossa espada!
Nós vos suplicamos:
R. Iluminai-nos com a vossa luz!
Nós vos suplicamos:
R. Salvai-nos sob o manto protetor de Maria!
Nós vos suplicamos:
R. Guardai-nos no Coração de Maria!
Nós vos suplicamos:
R. Confiai-nos às mãos de Maria!
Nós vos suplicamos:
R. Mostrai-nos o caminho que conduz à porta da vida: o coração aberto de Nosso Senhor!
Nós vos suplicamos:
R. Guiai-nos com segurança à casa do Pai Celestial!
Todos vós, nove coros dos Espíritos bem-aventurados:
R. Vinde depressa, socorrei-nos!
Nossos companheiros especiais e enviados por Deus:
R. Vinde depressa, socorrei-nos!
Insistentemente vos suplicamos:
R. Vinde depressa, socorrei-nos!

O Sangue Preciosíssimo de Nosso Senhor e Rei foi derramado por nós pobres:

R. Insistentemente vos suplicamos: Vinde depressa, socorrei-nos!

O Coração de Nosso Senhor e Rei bate por amor de nós pobres:

R. Insistentemente vos suplicamos: Vinde depressa, socorrei-nos!

O Coração Imaculado de Maria, Virgem puríssima e vossa Rainha, bate por amor de nós pobres:

R. Insistentemente vos suplicamos: Vinde depressa, socorrei-nos!

São Miguel Arcanjo: Vós, Príncipe dos exércitos celestes, vencedor do dragão infernal, recebestes de Deus força e poder para aniquilar, pela humildade, a soberba do príncipe das trevas. Insistentemente vos suplicamos que nos alcanceis de Deus a verdadeira humildade de coração, uma fidelidade inabalável no cumprimento contínuo da vontade de Deus e uma grande fortaleza no sofrimento e na penúria. Ao comparecermos perante o tribunal de Deus, socorrei-nos para que não desfaleçamos!

São Gabriel Arcanjo: Vós, Anjo da Encarnação, Mensageiro fiel de Deus, abri os nossos ouvidos para que possam captar até mais suaves sugestões e apelos da graça emanados do Coração amabilíssimo de Nosso Senhor. Nós vos suplicamos que fiqueis sempre junto de nós, para que compreendendo bem a Palavra de Deus e suas inspirações, saibamos obedecer-lhe, cumprindo docilmente aquilo que Deus quer de nós. Fazei que estejamos sempre disponíveis e vigilantes. Que o Senhor, quando vier, não nos encontre dormindo!

São Rafael Arcanjo: Vós que sois lança e bálsamo do amor divino, nós vos suplicamos, feri o nosso coração e depositai nele um amor ardente de Deus. Que a ferida não se apague nele, para que nos faça perseverar todos os dias no caminho do amor. Que tudo vençamos pelo amor!

Anjos poderosos e nossos irmãos santos que servis diante do Trono de Deus, vinde em nosso auxílio.

Defendei-nos de nós próprios, da nossa covardia e tibieza, do nosso egoísmo e ambição, da nossa inveja e falta de confiança, da nossa avidez na busca da abundância, do bem-estar e da estima pública.

Desatai em nós as algemas do pecado e do apego às coisas terrenas. Tirai dos nossos olhos as vendas que nós mesmos lhes pusemos e que nos impedem de ver as necessidades do nosso próximo e a miséria do nosso ambiente, porque nos fechamos numa mórbida complacência de nós mesmos.

Cravai no nosso coração o aguilhão da santa ansiedade por Deus, para que não cessemos de procurá-Lo com ardor, contrição e amor.

Contemplai o Sangue do Senhor, derramado por nossa causa!

Contemplai as lágrimas da vossa Rainha, choradas por nossa causa!

Contemplai em nós a imagem de Deus, desfigurada por nossos pecados, que Ele por amor imprimiu em nossa alma!

Auxiliai-nos a reconhecer a Deus, a adorá-Lo, amá-Lo e servi-Lo!

Auxiliai-nos na luta contra o poder das trevas que, disfarçadamente, nos envolve e aflige.

Auxiliai-nos, para que nenhum de nós se perca, permitindo assim que um dia nos reunamos todos, jubilosamente na eterna Bem-aventurança.

Amém.

Reza-se de manhã a Súplica Ardente e durante o dia invocam-se muitas vezes os Santos Anjos:

São Miguel, assisti-nos com os vossos santos anjos.

R. Ajudai-nos e rogai por nós.

São Rafael, assisti-nos com os vossos santos anjos.

R. Ajudai-nos e rogai por nós.

São Gabriel, assisti-nos com os vossos santos anjos.

R. Ajudai-nos e rogai por nós.

AGRADECIMENTOS

Este livro não poderia ter sido produzido sem a ajuda de pessoas que contribuíram em diversas partes do processo. Agradeço a Alejandro Aldana, André Hippert, Bruno Thys, Cláudia Passos, Firmino Ferreira, Janete Campos, Leonardo Simplício, Luciana Barros, Luiz André Alzer, Marcello Almo, Márcio Ferreira, Mariana Erthal, Rodolpho Polidoro, Rodrigo Campanario, Sônia Passos e Therezinha de Jesus. E um "obrigado" muito especial vai para o Padre João Cláudio, por sua disponibilidade e simpatia ao abrir sua igreja e nos receber tão bem.

Este livro foi diagramado por Mariana Erthal, utilizando as fontes Garamond Premier Pro e The Goldsmith Vintage. Foi impresso na gráfica Rotaplan em novembro de 2018, quando a Missa de São Miguel havia acabado de completar dez anos de existência.